AF340424

PIECES RELATIVES AUX MOTIFS

Qui ont nécéffité la réfolution prife par l'*Affemblée générale* de St. Domingue, de venir en France mettre fes réclamations fous les yeux de l'ASSEMBLÉE NATIONALE & du ROI, contre les vexations exercées par le Pouvoir exécutif envers cette Ifle.

DÉCRET *d'embarquement de l'Affemblée générale.*

L'ASSEMBLÉE GÉNÉRALE confidérant que fi elle faifoit dépendre fon maintien du fort des armes, il lui feroit facile de renverfer, par cette voie, le téméraire projet qu'ont formé les ennemis du bien public de venir à main armée pour la diffoudre ;

Confidérant que leur défaite la plus entiere eft affurée, non feulement par le double avantage que donnent aux Citoyens de St. Marc, & la pofition naturelle des lieux & la préfence du Vaiffeau *le Léopard*, fi juftement furnommé *le Sauveur des Français*, mais encore par la fupériorité des forces que ces braves Citoyens font en état d'oppofer aux ennemis de la Patrie, & qui groffiffent chaque jour par les nouveaux détachements de Gardes nationales dont les diverfes Paroiffes, inftruites du péril imminent que court la chofe publique, s'empreffent de renforcer les fecours qui font déjà rendus dans cette Ville pour la défenfe de l'Affemblée ;

Confidérant qu'un tel triomphe hâteroit fans doute la régénération, & pourroit fous ce point de vue faire l'objet des vœux de ceux qui font appelés à l'opérer par leurs travaux, mais que la réflexion ne tarde pas à préfenter ce fuccès fous un afpect affligeant, & fait enfuite repouffer avec effroi ce qu'on auroit été porté par un premier mouvement à défirer comme avantageux ;

Confidérant que le fang qu'il faudroit répandre pour obtenir un triomphe auffi décifif eft celui de Citoyens & Soldats abufés, coupables fans doute pour avoir confenti à porter les armes contre leurs concitoyens, mais plus malheureux encore d'être le jouet des infidieufes manœuvres de ceux qui, à force de calomnies, leur ont perfuadé que les Repréfentants de la Partie Françaife de St. Domingue étoient fes ennemis ;

Confidérant les horreurs d'une guerre civile, dont cette floriffante contrée eft prête à devenir le théâtre, & qui n'attend pour s'allumer que le court intervalle de *dix-huit* heures, fi les menaces de ceux qui en tiennent le flambeau dans leurs mains, fe réalifent aux termes de la lettre écrite à la Municipalité de St. Marc par le fieur de Vincent, qui n'a pas craint, au mépris de fes ferments, de fe mettre à la tête des troupes parties du Cap, contre l'Affemblée ;

Confidérant que la condition propofée pour éviter tant de maux, la diffolution de l'Affemblée, entraîneroit feule un mal non moins grand, non moins redoutable en lui-même & dans fes fuites, le rétabliffement du defpotifme, dont le joug a pefé fi long-temps & d'une maniere fi accablante fur les Habitants de cette Ifle ;

Confidérant que placée dans cette alternative douloureufe, de confentir à fa diffolution ou de voir la conftitution de St. Domingue arrofée du fang de ceux-là même dont elle eft deftinée à affurer le bonheur, une Affemblée, jaloufe de répondre à la confiance de fes conftituants, ne doit pas balancer à faire tous les facrifices qui pourront garantir la Colonie de ce double danger ;

Confidérant qu'il s'offre à fon courage un moyen auffi fûr que magnanime de déconcerter les ennemis de la régénération ; que ce moyen fimple dans l'exécution, le feul qui refte pour éviter toute effufion de fang, & pour empêcher la diffolution d'une Affemblée d'où dépend le falut de St. Domingue, eft de voler dans le fein même de la Nation, & d'aller lui demander juftice contre des fcélérats qui la trahiffent elle-même fous le mafque d'un faux zèle pour fes intérêts & pour fa gloire ;

Confidérant qu'une telle réfolution qui ne peut être infpirée que par le patriotifme le plus vrai, ni embraffée que par l'innocence la plus pure, détruit d'elle-même les imputations menfongères que les partifans de l'ancien régime ne ceffent de femer contre les intentions de l'Affemblée ;

Confidérant que cette démarche eft également propre à raffurer la France fur la fidélité des Habitants de cette Ifle, dont des confpirateurs adroits cherchent à rendre les fentiments fufpects, à deffein de faire chanceler la fortune de l'Etat par une fciffion qui entraîneroit la ruine du Commerce national, & qui dès-lors opéreroit une *contre-révolution* dans le Royaume ;

Confidérant que le feul obftacle qu'un parti auffi fage pouvoit rencontrer dans fon exécution, eft levé par le patriotifme, tant de M. le

Baron de *Santo-Domingo*, commandant le Vaiſſeau *le Léopard*, que des autres Officiers & de l'Equipage de ce Vaiſſeau libérateur, qui tous, après avoir couvert l'Aſſemblée des ailes d'une protection reſpectée, ont couronné leur civiſme par l'offre hoſpitaliere & bienfaiſante de la recevoir au milieu d'eux, & de la tranſporter en France;

Conſidérant que les Membres d'une Aſſemblée qui s'eſt vouée toute entiere à la choſe publique, comptent, avec raiſon, pour rien les haſards d'un pareil voyage, & le peu de temps qu'ils ont pour s'y préparer; que loin d'être arrêtés par le préjudice qu'un déplacement auſſi bruſque doit infailliblement porter à leurs fortunes; loin même d'écouter la voix de la nature qui les rappelent au ſein de leurs familles, dont la plupart ſont ſéparés depuis long-temps, ils regrettent, dans le zèle qui les anime & qui leur fait mettre ſans héſiter la Patrie au-deſſus de tout, que le ſacrifice de leur vie ne puiſſe pas procurer à leurs Concitoyens, avec la liberté, le bonheur dont elle eſt le germe & qui ne peut avoir de prix que par elle;

Conſidérant enfin, que cette réſolution ſauve à la fois l'Aſſemblée, l'Equipage du Vaiſſeau *le Léopard*, les Soldats qui ſe ſont rangés ſous les drapeaux de la Patrie, les Citoyens qui, par leur courage, ont le plus expoſé leurs têtes, la Colonie dont les Habitants ſont ſur le point de s'entr'égorger, & la France même ſur qui retomberoit le contre-coup des malheurs dont la Colonie eſt menacée;

A décrété & décrete qu'elle cède au déſir d'épargner le ſang d'un Peuple de freres qu'un Gouvernement aſtucieux & barbare a tranſformé en ennemis, pour les détruire les uns par les autres, & leur faire préférer, après un long épuiſement, le calme du deſpotiſme aux agitations de la liberté.

Qu'en conſéquence, uniſſant ſa cauſe à celle du généreux Equipage qui a ſi bien mérité de la Nation entiere, par ſon patriotiſme, ainſi qu'à celle des braves Soldats qui ſe ſont engagés dans le nouveau Corps des *Gardes nationales ſoldées*, & des bons Citoyens qui ſont forcés de chercher le ſalut à ſa ſuite, elle ſe tranſportera en France ſur le Vaiſſeau *le Léopard*, ſur-nommé *le Sauveur des Français*, prêt à mettre à la voile, & ſur lequel elle eſt actuellement embarquée, pour aller porter à la Nation & au Roi les aſſurances de l'inviolable attachement que leur a voué cette portion de Français qui habitent l'Iſle de St. Domingue; expoſer à l'Aſſemblée Nationale la trame ourdie par le Comte de *Peynier*, Gouverneur général de la partie Françaiſe de St. Domingue, le ſieur de *Mauduit*, Colonel du Régiment du Port-au-Prince, & leurs fauteurs, nommément le ſieur de *Vincent*, Commandant de la partie du Nord, pour opérer en France une *contre-révolution*, dont la Colonie devoit être le foyer ; lui dénoncer les lâches affassinats commis par ces fcélérats contre les Citoyens du Port-au-prince, dans la nuit du 29 au 30 Juillet dernier, les autres attentats dont ils fe font rendus coupables, leur criminelle entreprife pour diffoudre, par la voie des armes, une Affemblée dont le maintien a pour bafe les *Décrets de l'Affemblée nationale elle-même* ; provoquer une vengeance éclatante de ces horribles forfaits, & folliciter enfin l'Affemblée nationale de lancer contre le defpotifme à St. Domingue, ces mêmes foudres qui l'ont exterminé en France d'une maniere fi victorieufe;

Décrete que les *Gardes nationales foldées*, embarquées le jour d'hier à bord du *Léopard*, fe rendront en France avec les Commis & autres perfonnes attachées au fervice de l'Affemblée, & qui voudront la fuivre;

Décrete auffi que pour fouftraire aux perfécutions du Gouvernement M. *Croizier*, Préfident du Comité Provincial de l'Oueft, & autres Citoyens qui, par les preuves qu'ils ont données de leur courageux patriotifme, font plus particulierement expofés à devenir les victimes des ennemis du bien public, M. le Baron de *Santo-Domingo* fera prié de les recevoir à bord dudit Vaiffeau, & de les tranfporter en France avec l'Affemblée ;

Décrete que MM. les Préfident & Vice-préfident demeurent autorifés à faire fournir audit Vaiffeau les vivres néceffaires pour l'Affemblée & pour les perfonnes embarquées à fa fuite ;

Décrete qu'il fera fait une adreffe à toutes les Paroiffes de la Partie Françaife de St. Domingue, pour les informer de la réfolution prife par l'Affemblée ;

Décrete qu'elle continuera d'être en activité à bord dudit Vaiffeau, & de s'occuper des travaux qui font l'objet de fa miffion ;

Arrête que le préfent Décret fera imprimé en France, auffi-tôt l'arrivée du Vaiffeau *le Léopard*, au nombre de dix mille exemplaires, pour être répandus dans toutes les parties du Royaume, & envoyés, tant à Saint-Domingue qu'aux Ifles du Vent; charge expreffément M. l'Archevêque *Thibaut* de veiller à cette impreffion.

Fait en Séance, à bord dudit Vaiffeau, les jour, mois & an que deffus. *Signé à l'original*, Thomas Millet, *Préfident* ; de Pons, *Vice-préfident* ; Deaubonneau, Denix, Mougin, Frédureau de Villedrouin, *Secrétaires.*

ADRESSE de ladite Assemblée à la Commune de Brest.

MESSIEURS,

DES événements désastreux amenent sur ces Rivages les Repréfentants de la Partie Françaife de St. Domingue.

Cette malheureufe Colonie eft en proie aux fureurs du defpotifme ; de
lâches affaffinats militairement commis fur de paifibles Citoyens, ont plongé
fa capitale dans le deuil ; une guerre civile prête à s'allumer alloit faire cou-
ler des flots de fang......

Il n'étoit qu'un moyen de l'éviter, Meffieurs, & nous l'avons embraffé,
parce qu'il ne coûtoit des facrifices qu'à nous ; c'étoit de traverfer les mers,
& de venir dénoncer à la Nation les forfaits de nos oppreffeurs. Nous
nous fommes auffi-tôt tranfportés à bord du *Léopard* ; nous y avons cherché le falut de la Colonie en écartant, par notre éloignement, le fléau
dont elle étoit menacée ; le falut de la France, en prévenant une contre-
révolution que les ennemis de la régénération avoient deffein d'y opérer
par la ruine de la plus floriffante de fes Colonies.

Les Commiffaires que nous députons vers vous, Meffieurs, vous
inftruiront plus en détail des faits qui ont donné lieu à cette réfolution ; ils
vous diront à combien de titres le Vaiffeau vraiment National *le Léopard*,
a mérité le glorieux furnom de SAUVEUR DES FRANÇAIS.

Nous nous félicitons, Meffieurs, de trouver en vous les Magiftrats d'une
Commune qui a fi bien montré fon énergie contre le defpotifme. Elle ne
refufera pas fes bons offices aux Repréfentants d'une Colonie opprimée,
qui réclame protection contre des tyrans dont les atrocités ont pour but
d'en faire le tombeau de la Liberté Françaife.

Nous avons l'honneur d'être avec la plus intime fraternité,

MESSIEURS,

Vos très-humbles & très-obéiffants ferviteurs,

Les Membres de l'Affemblée générale de la Partie Françaife de St. Domingue.
Signé, DAUGY, *Préfident* ; DE BOURCEL, *Vice-Préfident* ; LE RAY DE LA
CLARTAIS, VENANTES DE CHARMILLY, DENIX, DEAUBONNEAU,
Secrétaires.

A Bord du Vaiffeau *le Léopard*, en rade de Breft, le 12 Septembre 1790.

Autre Adresse des Français de St. Domingue aux Français du Continent.

Nous repréfentons les Habitants d'une contrée lointaine qui fe fait gloire d'être une, portion de l'Empire français & de lui prodiguer les tréfors des Antilles. Nous venons à travers les mers réclamer pour ces hommes induftrieux la confirmation des loix qu'eux-mêmes ont confenties, & qui doivent opérer leur bonheur. Au moment où nous touchons le rivage de notre Mere-Patrie, quels doux & magnifiques fpectacles s'offrent à nos regards ! Eft-ce-là cette France que nous avons laiffée en proie aux abus, à l'oppreffion & à l'intrigue ? Aujourd'hui les loix font en vigueur, vingt-quatre millions d'hommes font réintégrés dans leurs droits, & la plus belle des Conftitutions s'eft élevée fur les ruines d'un Gouvernement féodal & barbare.

O Français, Nation puiffante & généreufe ! nous rentrons dans votre fein, pénétrés d'amour & de refpect. Vous n'avez plus de vœux à former puifque vous avez fu vous rendre libres, & la terre entiere doit un tribut d'admiration à votre courage & à votre fageffe. Municipalités, Diftricts, Départements, Inftitutions auguftes, nous vous faluons : c'eft à vous que le dépôt facré de la liberté eft confié ; vous êtes fes premieres & fes plus affidues fentinelles, & vous l'avez conftamment défendue dans des moments nouveaux & difficiles. Soutien de la Conftitution, Reftaurateurs de l'ordre, véritables organes du Peuple, confervez à jamais votre autorité légitime & bienfaifante, & continuez à faire jouir le Royaume des fruits de votre furveillance.

Notre malheureufe Contrée eft bien loin de partager votre fort. Le defpotifme que vous avez banni de votre fein s'eft réfugié dans notre Ifle, & y a tranfporté toutes fes chaînes. Nul pays ne fembloit moins fait pour fubir le joug, & nul n'a été plus accablé par la tyrannie. Ses premiers Habitants Français furent des Flibuftiers : à peine ces hommes intrépides, dont les exploits pafferont peut-être pour des fables, fe furent changés en agriculteurs, & eurent confacré leurs bras au défrichement des terres qu'ils venoient de conquérir, que tous les genres d'oppreffions fondirent fur eux. Le tabac avoit été le premier objet de leurs foins ; mais bientôt perfécutés par une Compagnie exclufive & dévorante, ils ne tarderent pas à en abandonner la culture.

Chofe étrange ! La vexation cette fois produifit des effets falutaires. Des cultures plus floriffantes fuccéderent à celles du tabac ; les cannes à fucre, l'indigo, le coton, les cafiers couvrirent les plaines & les montagnes. St. Domingue s'éleva à un haut degré de fplendeur, & devint la premiere Colonie du Monde ; mais combien fon effort fut arrêté par les entraves de fon régime politique, & quels étonnans travaux n'euffent pas été exécutés fous une Adminiftration plus profpère ! Des Gouverneurs, des Intendants, des Etats-majors & des Milices nous ont défolés pendant un fiécle, & ces quatre fléaux réunis ne permettoient pas aux habitants de prolonger leur réfidence. Chacun fatiguoit fon fol, en arrachoit précipitamment quelques produits, & avec les débris de fa fortune regagnoit les Ports de la Métropole où il efpéroit trouver une vie plus paifible.

La lifte des attentats où l'on s'eft porté contre nous feroit trop longue ; on y verroit des Adminiftrateurs interrompant fans ceffe le cours des loix les plus facrées, exigeant une obéiffance aveugle pour le moindre de leurs caprices, trafiquant des plus honteux priviléges, pillant le tréfor public & les fortunes particulieres ; on y verroit un Confeil Supérieur enlevé avec fcandale, & indignement jeté à bord d'un mauvais Nàvire, parce qu'il avoit défendu la caufe du Peuple (alors nos Magiftrats étoient vertueux & n'étoient pas les efclaves foldés & méprifables des Miniftres de la Marine) ; on y verroit de prétendus Confeils' de guerre, exécrable & derniere invention du defpotifme, précipitant nos Concitoyens dans des prifons, les promenant de cachots en cachots, & leur faifant fubir une mort publique & ignominieufe ; on y verroit un *Comte de la Luzerne,* fi peu digne de la réputation qu'il avoit ufurpée, vendant des hommes libres & Français au vil agent d'une Puiffance étrangere, qui alloit à fon tour les enfevelir dans les mines de l'Amérique méridionale.

Tout d'un coup la renommée eft venue nous inftruire de l'héroïque infurrection des Français d'Europe ; la chute de la Baftille a retenti jufqu'à nos cœurs, & nous avons répandu des larmes de joie en apprenant le triomphe de nos freres : dès-lors nous avons cherché à les imiter, en mettant à profit les grandes leçons qu'ils nous donnoient ; nous nous fommes occupés des moyens de parvenir à une régénération dont nous avons tous befoin. Mais dès les premiers pas, quelles difficultés ne nous ont pas été oppofées ? Quels efforts n'ont point fait les partifans de l'ancien ordre des chofes, pour éteindre en nous ces défirs d'un meilleur fort, & cette flamme patriotique qui commençoit à fe développer ? On a employé les menaces & les promeffes, la féduction & la force ; on a publié une ordonnance qui défendoit de s'affembler *au-delà du nombre de cinq ;* mais toutes ces entraves ont été brifées, parce que le temps n'étoit plus où l'on pouvoit priver les Citoyens de leurs droits légitimes ; & que nous avons fu nous emparer des nôtres.

Trois Affemblées parurent fubitement dans les trois Départements, du *Nord*, de l'*Ouest* & du *Sud*, & délibérerent fur ce qu'il étoit important de ftatuer pour le falut commun. En ce moment St. Domingue étoit fur le penchant de l'abîme. Les poifons d'une *fecte ennemie & impolitique*, s'introduifirent de toute part, & toutes les Antilles étoient fur le point d'être transformées en un théâtre d'horreur & de carnage. On convint que pour travailler efficacement au bien de tous, il falloit convoquer une Affemblée générale.

Il eft difficile à des Planteurs d'abandonner pour long-temps leurs foyers ; de perdre de vue des ateliers nombreux, de renoncer à la direction de leurs Manufactures ; cependant tous s'empreffèrent de concourir à la formation de cette Affemblée, & oubliant leurs intérêts privés, ils fe montrèrent jaloux de prouver que le patriotifme n'étoit pas une vertu qui leur fut inconnue, & de témoigner leur gratitude envers un pays qui leur avoit offert un beau ciel, un fol fertile, & tous les agréments d'une vie aifée.

Les Députés des diverfes Paroiffes fe réunirent au mois d'Avril, & l'Affemblée ouvrit la carriere de fes travaux. La tâche qu'elle avoit à remplir étoit immenfe, mais elle la mefura d'un œil ferme, & fe promit bien de ne pas tromper l'attente de ceux qui avoient mis en elle leur confiance. Le Gouverneur & fes Agens *s'empreffèrent de la reconnoître*, & parurent même vouloir la feconder dans fes projets. Mais ce n'étoit là qu'une apparence perfide ; fecrétement ils dirigeoient tous leurs efforts contre elle, & cherchoient les moyens de la perdre. L'Affemblée dédaigna leurs complots, & pofa les bafes de fes opérations, en promulgant fon décret du 28 Mai dernier, qui fera un éternel monument de la pureté de fes intentions, qui a réuni les fuffrages de toute la Partie Françaife de St. Domingue, & qui ne contient que les demandes les plus conformes à l'équité & à la faine politique.

Les Municipalités étoient ardemment défirées, l'Affemblée ne crut pas pouvoir retarder la difpenfation de ce bienfait qui devoit appaifer les reftes de la fermentation. Les Municipalités furent donc organifées, *conformément aux Décrets des Repréfentants de la Nation*, & fauf *quelques modifications exigées par les convenances locales.* C'eft dans ces jours de félicité pour tous, & de défefpoir pour lui feul, que *le pouvoir exécutif* a fait éclater fa rage. Il a quitté l'attitude humble & rampante, il a cherché à en impofer par le fpectacle des armes : il ne s'en eft pas tenu à ces appareils ménaçants, & à l'aide des foldats yvres & parjures, il a porté la défolation dans la Ville qui a le malheur d'être fon afyle principal , & qui a été fa premiere victime.

Un des aſſaſſins employés au maſſacre du Port-au-Prince, témoignoit fon regret que le fang eût trop peu coulé, & écrivoit cette phrafe horrible : *malheureufement nos canons n'ont pu fe pointer aſſez haut.* Un autre , vieilli dans les maximes des oppreſſeurs , marquoit à l'un de fes complices: *nous allons nous débarraſſer de toutes ces Municipalités , nous avons déjà commencé par le Port-au-Prince , & nous irons enfuite de Ville en Ville.*

Ce premier forfait ne fuffifoit pas ; une barriere redoutable fubfiftoit encore, c'étoit l'Aſſemblée générale; le pouvoir exécutif tenta de la détruire , ce que l'autorité même du Roi ne pouvoit exécuter valablement. Un *Comte de Peynier*, inſtrument honteux & fervile des confpirateurs contre la régénération, ofa l'entreprendre ; il publia une proclamation qui déclaroit l'Aſſemblée diſſoute , & prépara fa deftruction par le fer & par le feu.

A l'inſtant les Citoyens courent aux armes, & des extrémités de l'Isle s'avancent au fecours de leurs Repréfentants. Quelle fut alors notre fituation ? Le moyen de détruire nos tyrans étoit entre nos mains, mais il falloit répandre le fang des hommes toujours fi précieux , & fur-tout fous un climat qui abrège leur exiftence , & où leur population eft trop peu nombreufe. En ce moment un faint enthoufiafme nous a élevés au-deſſus de nous-mêmes ; nous nous fommes arrêtés à une réfolution qui appartient peut-être au grand courage , & qui nous commandoit les plus pénibles facrifices. Abandonnant tout-d'un-coup nos femmes , nos enfants, nos propriétés , nous nous fommes réunis fur le Vaiſſeau qui , dans cette occafion mémorable , a fi bien mérité de la Patrie, & nous fommes venus demander juftice au fein de la Nation même.

Un femblable dévouement ne fera pas perdu , nous nous croirions coupables de douter de notre caufe, puifqu'elle eft celle de la France entiere. En effet le voile eft levé , les Miniftres qui long-temps nous ont confidérés comme leur patrimoine , ont été forcés de révéler notre importance. Nul Français aujourd'hui n'ignore que le fort de notre Colonie eft tellement lié à celui de la Métropole, que la plaie qui nous feroit mortellement faite entraîneroit rapidement la ruine de cette derniere.

Les Habitants de St. Domingue embraſſent & font fleurir plus de trois cents lieues de côtes ; leurs denrées completent le chargement de plus de mille Navires; c'eft par eux que s'entretient une Marine formidable ; d'opulentes Cités leur doivent ou leur aggrandiſſement ou leur exiftence ; ils excitent les arts & l'agriculture ; leurs productions font pencher la balance dans les marchés de l'Europe, & fourniſſent enfin à plufieurs millions de Français leur nourriture journaliere.

B

Voilà le pays pour lequel nous réclamons la part de félicité qu'il a lieu de se promettre ; il est las de gémir sans qu'aucun adouciffement soit apporté à ses maux ; il renoncera à la richeffe pour se procurer des biens plus défirables ; & il a juré aux oppreffeurs une guerre éternelle. Sans doute nos Compatriotes du continent nous foutiendront dans notre effort vers la régénération ; ils mêleront leurs voix à la nôtre , & nous couvriront du bouclier impénétrable qui les protège contre la tyrannie ; ils ne laifferont pas fous le joug des milliers de Français qui bravent les feux de la zône torride , & qui ont déjà tant à fouffrir de leur éloignement de la Mere-patrie.

Nous ne parlons pas de nous - mêmes , nous avons déjà oublié nos injures perfonnelles , & nous ne fommes occupés que de ceux que nous repréfentons ; qu'ils foient heureux , & nous aurons le prix de nos peines.

Ils efperent que le Monarque qui a tant fait pour le falut de l'Empire , ne refufera pas de les délivrer du *Comte de la Luzerne*, qui a trop cherché & trop mérité leur haine ; que leur pays ne fera pas long-temps fouillé par la préfence des Agens du pouvoir exécutif, qui ont rempli leur Ville de meurtres , & que ces ennemis publics feront livrés aux loix vengereffes.

Ils efperent que les Municipalités & les Affemblées de Département, ces colonnes du temple de la liberté , pourront enfin s'élever & s'affermir fans obftacles ; que le Gouverneur fera dépouillé de fon autorité defpotique , & qu'il leur fera loifible de congédier un Intendant qui dilapide leurs finances.

Ils efperent qu'ils feront difpenfés déformais de payer & de nourrir des Etats-majors hautains & fuperflus ; de payer & de nourrir des Régiments affaffins qui ne favent obéir qu'à des ordres atroces ; de payer & de nourrir des Juges prévaricateurs & avides.

Ils efperent qu'on leur accordera la faculté de poffédér dans leur fein des Gardes nationales foldées , uniquement fubordonnées aux jurifdictions municipales , & chargées d'entretenir la tranquillité & le bon ordre.

Ils efperent que leurs vicieufes Milices feront totalement réformées , que le nom même en fera anéanti, comme rappelant un fouvenir funefte ; qu'à leur place des Gardes patriotes fe dévoueront au maintien de la profpérité publique, n'ambitionnant que la feule gloire d'être utiles, & fans que jamais de vains honneurs puiffent les féduire.

Ils efperent que des forces maritimes , *feul boulevard de leur rivage* , les mettront à l'abri de toute invafion étrangere , fi toutefois il eft une Nation qui ofe attaquer les poffeffions de la France , lorfque les Français pourront déployer toutes leurs forces & manifefter toute leur puiffance.

Ah ! fur-tout, ils efperent qu'ils jouiront du droit de faire leurs loix *inté-*

(11)

rieures & domeſtiques, qu'on appercevra la néceſſité de ne pas leur diſputer ce 1er. article de la conſtitution qu'ils ſollicitent, *& ſans lequel tout le reſte eſt pour eux inutile & dériſoire* ; on ſentira que leurs Légiſlateurs doivent exiſter au milieu d'eux, connoître leur ſol, leurs beſoins, leurs habitudes, & que toute loi qui n'eſt pas née dans leur Isle, qu'ils n'ont pas délibérée & conſentie, ne ſaurait y obtenir une juſte obéiſſance.

Tels ſont les vœux des habitants de St. Domingue ; c'eſt lorſque ces vœux auront été accomplis, que leur Isle ſuperbe brillera de tout ſon éclat ; la culture y recevra des accroiſſements immenſes ; les hommes laborieux de la Métropole pourront y accourir en foule ; ils y recevront un accueil fraternel, & aideront à féconder une terre qui payera leurs travaux avec uſure, & ſur laquelle s'éléveront ſans ceſſe des jours calmes & paiſibles ; la mer ſera étonnée du nombre des Vaiſſeaux qui emporteront les produits de l'induſtrie coloniale, malgré l'intervalle qui les ſépare ; d'indiſſolubles liens uniront la France & les Antilles, & les ſiecles ne pourront pas rompre un pacte fondé ſur l'utilité, la juſtice, l'attachement & la reconnoiſſance.

Signé D'AUGY, *Préſident* ; de Bourcel, *Vice-préſident*, le Ray de la Clartais, Venantés de Charmilly, Denix & Deaubonneau, *Secrétaires.*

Pour copie conforme à l'Original. Mêmes ſignatures ques deſſus.

PROCÈS-VERBAL du Vaiſſeau le Léopard, *du 27 Juillet* 1790.

Dépoſition des Canonniers du Vaiſſeau le Léopard, *du 22 Juillet* 1790.

LE 21 Juillet 1790, les Canonniers de la Frégate l'*Engageante* ont donné un repas aux Grenadiers & Chaſſeurs du Régiment du Port-au-Prince : notre Capitaine comptant ſéduire auſſi facilement les Canonniers de ſon Vaiſſeau, nous fit aſſembler le 22, & nous dit :

» Mes amis, vous êtes invités, de la part du Colonel des Grenadiers » & Chaſſeurs du Régiment du Port-au-Prince, de vous joindre aux Ca- » nonniers de l'Engageante, pour aller dîner avec eux, & à votre tour, vous » les inviterez à venir à bord ; que dans le moment préſent, où la Colonie » cherchoit à ſe rendre indépendante, il falloit que les Troupes du Roi, » tant de terre que de mer, ſe réuniſſent & fuſſent toutes du même accord, » pour combattre les ennemis communs ; que c'étoit le moment où toute animoſité particuliere devoit ceſſer ». Tous d'une voix unanime, nous ré-

B 2

pondîmes qu'aucun de nous n'iroit ; que nous ne voulions pas même les avoir à bord ; que le répas proposé n'étoit pas un moyen de concilier les esprits, au contraire ; & que d'ailleurs, si le Régiment du Port-au-Prince étoit dans des sentiments vraiement patriotiques, rien au monde n'étoit capable de nous en écarter. Après plusieurs prieres, toutes infructueuses, il nous dit que nous eussions à faire des réflexions, & à rentrer en nous-mêmes, qu'il nous reviendroit trouver à midi.

A midi, plus vives instances de la part du Capitaine, & toujours le refus le plus formel de notre part. Le soir, à son retour du Port-au-Prince, le Capitaine nous fit, pour la troisieme fois, la même priere ; mais la maniere dont nous lui répondîmes, lui ôta entierement tout espoir de nous séduire.

Le lendemain plusieurs Grenadiers & Chasseurs se transporterent à bord du Vaisseau pour nous inviter ; nous leur alléguâmes le service, tant extérieur qu'intérieur du Vaisseau, qui ne nous permettoit pas d'accepter leur dîner. Voyant que toutes leurs prieres étoient inutiles, ils prirent le parti de se retirer, en nous témoignant les plus vifs regrets de ne pouvoir nous avoir.

M. de la Galissonniere connoissoit bien peu les Canonniers de son Vaisseau, s'il a pu penser un seul instant que nous eussions jamais pu céder à aucun moyen de séduction, & sur-tout à ceux auxquels il n'a pas rougi de descendre.

Mais nous sommes persuadés qu'actuellement il ne doute plus des sentiments patriotiques dans lesquels veulent vivre & mourir tous les Canonniers du Vaisseau le Léopard. En foi de quoi nous avons signé.

Précis des événements qui se sont passés, tant à Bord du Vaisseau le Léopard, *qu'en rade du Port-au-Prince, à commencer le 27 Juillet 1790, jusqu'au 2 Août inclusivement.*

LE 27 Juillet 1790, le Vaisseau le *Léopard* étant mouillé en rade du Port-au-Prince, le Capitaine, M. le Marquis de la Galissonniere, rentrant à bord, à 8 heures du soir, donna ordre d'enverguer & de se tenir prêt pour l'appareillage au lendemain au soir.

Le 28, à 5 heures du matin, tout le monde s'est occupé à l'ouvrage & à faire tous les préparatifs nécessaires pour le départ. La Ville du Port-au-prince voyant que le Vaisseau se disposoit à partir, prit l'alarme : quantité d'habitants, hommes & femmes, vinrent à bord du quai pour s'assurer de la vérité du fait, tant aux différentes embarcations du Vaisseau, qu'à ceux de l'Equipage qu'ils rencontroient, leur disant, les larmes aux yeux : mes amis , fi le Vaiffeau part, nous fommes perdus ; car nous fommes menacés tous les jours d'être égorgés par le Régiment du Port-au-prince & par les Volontaires; vous êtes même tous les jours les témoins des infultes qu'ils nous font, fans qu'aucun habitant ofe leur dire la moindre chofe.

Les volontaires penfoient différemment, puifqu'un nommé Barnada, boulanger, fupplioit les gens du Vaiffeau, au nom d'eux tous, de ne pas ébruiter leur départ.

Pendant ce temps-là l'ouvrage fe continuoit toujours à bord. A une heure après midi on a défaffourché, tout le monde étant de la meilleure volonté à mettre à la voile , ignorant le lieu de leur deftination. A une heure, le Capitaine a fait donner ordre de ne laiffer monter à bord aucun étranger. A deux heures il s'eft préfenté quatre habitants du Port-au-Prince dans un canot. La fentinelle des paffavants à ftribord leur ayant défendu de monter, ils fe font dits députés du Comité du Port-au-prince. Le Caporal de garde en ayant rendu compte au Capitaine, il lui a répondu de leur refufer l'entrée à bord ; mais que s'ils avoient quelques papiers à lui communiquer, de fe les faire remettre. M. de France, Lieutenant de Vaiffeau , lui a dit de dire que le Capitaine n'étoit pas à bord. Le Caporal de garde s'étant acquitté de fes ordres , ces Meffieurs lui ont remis un papier pour le Capitaine.

Dès qu'il en a eu fait lecture de quelques lignes , il a ordonné au Caporal en ces termes : *Chaffez-moi ces gueux-là* . . . . . Tout le monde ignoroit le contenu du papier qui avoit fi fort irrité M. le Mis. de la Galiffonniere.

Il a été fait défenfe, quelques momens après, aux Canotiers qui alloient à terre, de fe charger d'aucuns papiers pour le bord, ou s'ils en apportoient, de les remettre au Capitaine. Ces défenfes ont alarmé l'Equipage, & lui ont donné beaucoup à foupçonner.

Le fervice exigeant qu'on envoyât des canots en Ville , les Habitants leur ont demandé s'ils n'avoient pas connoiffance d'un décret de l'Affemblée générale de la Colonie, qui avoit été fignifié au Capitaine par quatre députés du Comité du Port-au-prince. Les Matelots ont répondu n'en avoir eu aucune connoiffance : il leur en a été fourni par les Habitants différentes copies , ainfi qu'à tous ceux qu'ils reconnoiffoient pour être du Vaiffeau. Quantités ont été interceptées par la vigilance des Officiers qui étoient fur le quai , ou par les différentes perfonnes qu'ils avoient commifes en ville pour fuivre les démarches de l'Equipage.

Malgré le grand nombre des furveillants , il en eft parvenu à bord en affez grande quantité, qu'un chacun s'eft empreffé de lire de fuite en cachette. Ce décret a occafionné un terrible foupçon parmi l'Equipage, de même que les difcours que les Habitants leur avoient tenus au matin. Ils ne s'étoient cependant déterminés à rien.

A huit heures du foir, un canot ayant été porté M. de France, Lieutenant de Vaiffeau, à bord de la Frégate l'*Engageante*, les Canotiers ont vû deux embarcations de cette Frégate chargées de Matelots & de Canonniers armés de fabres, piftolets & fufils, avec des bidons pleins de vin, allant fur les Forts renforcer la Troupe de terre. Le canot étant de retour à bord du Vaiffeau, leur plus grand empreffement a été de le raconter à leurs camarades. Pour lors ils ont tous pris la plus ferme réfolution de ne pas partir, voulant donner du fecours à une Ville qui étoit menacée d'être égorgée & d'être mife à feu & à fang. Il s'eft fait un murmure qui eft venu aux oreilles des Officiers, & le Capitaine en ayant eu connoiffance, à fait venir dans fa chambre les premiers Maîtres : leur ayant demandé la caufe de ce bruit, ils lui ont répondu que l'équipage ne vouloit pas appareiller du Port-au-Prince, parce qu'il étoit très-affuré, d'après les préparatifs qu'il voyoit de tous côtés, que tous les habitants, ainfi que tous les Membres du Comité, devoient être égorgés fitôt après le départ du Vaiffeau. Plufieurs d'entr'eux ayant dit que le pillage étoit promis à la troupe, qui ne ceffoit de dire dans les rues depuis deux ou trois jours : « bientôt nous aurons tout ; en avant la contre-révolution pour cette canaille ». A cela le Capitaine a dit : « je fais, Meffieurs, qu'il vous a été communiqué des papiers venant de terre, & que c'eft vous qui caufez tout ce murmure ; j'en fuis d'autant plus certain, que j'ai intercepté deux lettres à votre adreffe ».

Enfuite il leur a demandé s'ils étoient Français : ils lui ont répondu, d'une voix unanime, oui, Monfieur, & très-bons Français, incapables de nous écarter du ferment que nous avons contracté. Etes-vous citoyens de France ou des Colonies ? A quoi il lui a été répondu, qu'un bon citoyen devoit l'être dans la Colonie comme en France.

A cette réponfe le Capitaine s'eft mis en colère, & a dit qu'il ne falloit pas regarder les Colonies comme la France, & les menaçant, croyant les intimider, dit : « Je périrai, mais il y en aura d'autres » ; alors il lui fut répondu : Capitaine, vous devez avoir eu connoiffance d'un décret de l'Affemblée générale des Colonies, qui vous a été fignifié par quatre Commiffaires du Comité du Port-au-Prince, dont j'ai pris lecture, ainfi que les autres Maîtres.

Au même inftant M. de France, tendant fon bras avec menace, l'écume lui fortant de la bouche, a dit : « oui, nous périrons, mais vous périrez auffi, car je vous ferai tous pendre ». Après ces paroles, il s'eft fait un moment de filence : le Capitaine l'a rompu, en ordonnant aux Maîtres d'adoucir l'Equipage, & de lui dire que s'il ne vouloit pas aller au Cap, il iroit aux Gouaïves.

Les Maîtres se sont employés de tout leur pouvoir à remplir ses vues, mais il a toujours persisté dans sa premiere résolution de rester au Port-au-Prince, parce qu'il savoit qu'il y étoit non-seulement nécessaire, mais même qu'il y étoit forcé par un décret de l'Assemblée générale, & le trouble cessé au Port-au-Prince, il iroit par-tout où le Capitaine voudroit.

Dès cet instant, tout le monde a été tranquille à bord.

Le 29, à quatre heures & demie du matin, le Capitaine ayant fait appeler le Maître d'Equipage, lui a ordonné de faire sonner la cloche pour l'appareillage. A ce signal tout le monde a d'abord été sur pied. Il a ordonné ensuite de hisser à bord toutes les embarcations, ce qui a été exécuté avec la plus grande tranquillité & promptitude.

A cinq heures & un quart, il a ordonné au Maître de faire hisser les huniers : le coup de sifflet donné, tout le monde en général a crié, à haute voix : *Non, non, non;* pour lors le Capitaine a demandé les raisons du refus que l'on faisoit.

Il lui a été répondu : nous ne voulons pas partir d'ici, nous y sommes plus nécessaires qu'au Cap. A cela, le Capitaine a dit : il a y deux partis dans la Ville, dont un veut se rendre indépendant. On lui a répondu que c'étoit une raison de plus pour rester, & tâcher de mettre le bon ordre & les concilier.

Le Capitaine ordonna pour la seconde fois de faire hisser les huniers : on lui répondit qu'on les hisseroit, mais qu'on ne partiroit pas. Au même instant il ordonna de mettre les bateaux à la mer. Cette manœuvre a été exécutée très-vivement, accompagnée de trois *vive le Roi & la Nation....*

Une demi-heure après, le Capitaine s'est embarqué dans son canot, accompagné de M. de France, Lieutenant de Vaisseau. Peu de temps après, M. de Ricard, aussi Lieutenant de Vaisseau, & le sieur Pineau, Commis aux revues, ont été à l'hôpital sous prétexte de maladie, ayant laissé les affaires du bord en très-mauvais état; ensuite M. de Lalives, aussi Lieutenant, & M. Duboëtier, Elève; une demi-heure après, M. de Charette, Elève.

Les Habitants voyant que le Vaisseau étoit resté, la tranquillité s'étoit répandue dans la Ville; ils disoient aux gens de l'Equipage qu'ils leur étoient redevables de la vie; que cependant ils les prévenoient de se bien tenir sur leurs gardes, car ils voyoient faire beaucoup de préparatifs sur tous les Forts.

Ces nouvelles si réitérées par tous ceux de l'Equipage qui revenoient à bord, l'ont déterminé à demander à M. de Santo-Domingo, Lieutenant en pied, la permiſſion de charger la ſeconde batterie ; à quoi il a répondu : vous voulez donc vous battre ? Je ne puis vous accorder cette permiſſion ſans l'ordre du Capitaine. Il lui a été répondu : nous voulons pouvoir nous défendre ſi nous ſommes attaqués.

Le Lieutenant en pied a donné connoiſſance de cette demande au Capitaine, qui a répondu, par un écrit adreſſé à M. de Santo-Domingo, en ſon abſence à l'Officier de garde ; ce dernier l'a lu ſur le gaillard d'arriere, en préſence de tout l'Equipage. Dans cet intervalle M. deSanto-Domingo étoit allé à terre pour porter une Députation au Général, de la part de l'Equipage ; « qu'il n'avoit jamais ſongé à attaquer le militaire » ni le général, mais qu'il ne vouloit pas non plus que ceux-ci attaquaſ- » ſent les citoyens ; & que comme ſous peu il devoit arriver des nou- » velles de France, on devoit patienter juſqu'à ce temps-là : que ſi » c'étoit l'Aſſemblée qui vouloit ſe rendre indépendante de la France, » jamais le Vaiſſeau n'auroit été pour eux ».

Voici le contenu de la lettre... » Je ne puis, dans aucun cas, accorder de charger la ſeconde batterie ; & bien plus, je le défends expreſſément ».

A ſept heures du ſoir, un canot étant venu de terre, a rapporté être aſſuré que deux cents hommes devoient venir ſurprendre le Vaiſſeau, & s'en emparer dans la nuit ; & que les deux grands canots du Vaiſſeau, qui étoient à terre, ayant ſu cette même nouvelle, s'étoient retirés un peu au large, crainte d'être forcés de prendre eux-mêmes la troupe & les volontaires qui devoient venir dans la nuit ſurprendre & maſſacrer l'Equi-page, qui étoit pour lors privé de ſes principaux Officiers, ne reſtant à bord que MM. le Tendre & Ergo, Sous-Lieutenants, & MM. Martini & Tressemane, Elèves.

Sur ce rapport, & pour ſe mettre en défenſe, l'Equipage chargea la ſeconde batterie, & mit le Vaiſſeau en état de pouvoir faire face aux ennemis. L'Equipage chargea les armes, & la diſtribution en fut faite pour ſe parer à une vigoureuſe réſiſtance. La batterie baſſe fut fermée, crainte d'accident.

M. le Tendre, Officier-commandant, voyant tous les préparatifs qui ſe faiſoient dans le Vaiſſeau, a envoyé M. Martini, Elève, en rendre compte au Capitaine.

Cet Elève, à ſon retour, a dit à l'Equipage, de la part du Capitaine, que ſi la Frégate *l'Engageante* gênoit le Vaiſſeau, il alloit lui donner ordre d'appareiller tout de ſuite ; à quoi on a répondu qu'elle pouvoit reſter, qu'elle ne gênoit nullement.

Une heure après, on a été fort étonné de voir la Frégate ſous voiles, ſans entendre le moindre bruit, quoiqu'elle fût mouillée fort près. Elle
avoit

avoit filé ſes câbles par le bout, ce qui fit mettre tout le monde aux batteries, voyant une manœuvre auſſi ſuſpeête, & dans un moment auſſi critique, le Vaiſſeau étant menacé de toutes parts ; car l'Officier-commandant, ayant envoyé à terre la petite chaloupe, vers onze heures & demie du ſoir, pour avertir le canot du Capitaine qui étoit encore au quai pour l'attendre, ces deux canots ont vu très-diſtinêtement au Fort l'Iſlet, un nombreux détachement, & qu'on faiſoit rougir des boulets pour brûler le Vaiſſeau.

Nota. Il y avoit des Officiers du Vaiſſeau qui commandoient ſur le Fort.....

Cette nouvelle a été d'autant plus fâcheuſe & affligeante, qu'on étoit mouillé à un quart de portée de canon du Fort, & qu'on ne pouvoit ſe défendre, en cas d'attaque, ſans endommager beaucoup les Navires marchands & la Ville.

Le 30, à deux heures & quart du matin, nous avons entendu un grand bruit de mouſquetterie dans la Ville, qui a été accompagné de trois coups de canon. Alors il s'eſt fait un branle-bas général, chacun ſe diſpoſant à vendre bien cher ſa vie, & ne pas laiſſer tomber le Vaiſ-ſeau au pouvoir des agens de la contre-révolution.

L'Equipage pour lors, d'une voix unanime, a prié M. le Tendre de prendre le commandement du Vaiſſeau : le patriotiſme, le courage & la capacité de cet Officier lui étoient connus depuis long-temps. A ces ſollicitations M. le Tendre a conſenti ; & le coup de ſifflet donné, tout le monde l'a reconnu à haute voix pour Capitaine ; & après trois cris de *Vivent le Roi & la Nation*, on l'a prié très-inſtamment de porter tous ſes ſoins pour conſerver ce Vaiſſeau à la Nation françaiſe, lui proteſtant de le ſeconder de tous leurs efforts.

Le Capitaine a fait de ſuite hiſſer les huniers, ſe diſpoſant de mettre à la voile, ſi l'on tiroit ſur lui, ne voulant pas tirer ſur la Ville, contre ſes freres & ſes concitoyens.

Environ trois heures & un quart du matin, M. le Tendre demanda l'agrément de l'Equipage, pour envoyer un canot, aux ordres de M. Martini, Eleve, examiner les mouvemens, en rade, des Marchands, & tâcher de prendre connoiſſance de ce qui ſe paſſoit en ville. L'Equi-page a refuſé M. Martini ; & ſur la demande qui lui a été faite de nom-mer lui-même celui du bord qui méritoit le plus ſa confiance, il en a été nommé un, qui eſt parti pour remplir ſa miſſion avec vingt hommes armés.

A Quatre heures & demie, l'Equipage ayant été toute la nuit ſur pied, & beaucoup fatigué, a demandé au Capitaine une ration d'eau-de-vie. Il a accordé leur demande.

A cinq heures , le canot qu'on avoit envoyé étant de retour à bord , il a été fait le rapport qui fuit , & dont un habitant l'avoit informé : « Que les patrouilles bourgeoife & militaire s'étant rencontrées, il y avoit eu dix hommes de tués.

A fix heures , l'Equipage a demandé qu'on envoyât trois maîtres prier inftamment le Capitaine, ainfi que l'Etat-major, de fe rendre à bord, ne prétendant point s'écarter de la fubordination, qui a toujours regné.

A leur retour, l'Equipage étant affemblé fur le gaillard d'arriere , ils lui ont fait part des volontés du Capitaine. « Hier au foir j'avois fait l'offre à mon Equipage d'aller au Cap , au Mole , Gouaïves, ou en France ». L'Equipage a répondu à cela que l'offre d'aller en France n'avoit pas été faite ; qu'on l'auroit acceptée très-volontiers, lui en ayant fait fi fouvent la demande , & qu'il avoit toujours dit qu'il attendoit les ordres de France.

A dix heures du matin, M. de Santo-Domingo eft venu à bord ; ayant fait paffer tout le monde derriere , il a fait lecture d'une fommation faite à l'Equipage de la part du Général, lui accordant fa grâce s'il rentroit à fon devoir.

Plus , il a demandé, par ordre de M. de la Galiffonniere, les fix pre-miers Maîtres pour aller conférer avec lui & le Général au Gouverne-ment : à quoi l'Equipage s'eft formellement oppofé , ainfi qu'eux-mêmes, fachant très-bien d'avance la bonne réception que M. Mauduit leur auroit faite ; en ayant été avertis par des voies très-fûres.

De plus, on dit à M. de Santo-Domingo qu'on envoyoit au Capi-taine une fommation par écrit de l'Equipage pour fe rendre à bord, à la place de celle qui lui avoit été faite le matin, verbalement, par les trois Maîtres.

L'Equipage lui a fait la réponfe fuivante , qui lui a été portée par M. Martini, y joint le cafernet du mouvement qui s'étoit paffé ; y joint une lettre de M. de Santo, à qui l'Equipage avoit reproché de l'avoir abandonné dans une occafion fi dangéreufe, à quoi M. de Santo a répondu en avoir reçu la vieille l'ordre du Capitaine , difant qu'il lui avoit juré fa parole d'honneur de le lui donner par écrit le lendemain.

L'Equipage fut charmé de n'avoir rien à reprocher à M. de Santo , s'é-tant toujours fait un vrai plaifir d'être fous fes ordres.

Reponfe de l'Equipage.

L'Equipage du Vaiffeau n'ayant jamais manqué à fon Capitaine, M. le Marquis de la Galiffonniere , il eft par conféquent libre de venir prendre fon commandement, ainfi que MM. les Officiers de l'Etat-major, prendre leurs places, quoiqu'ils les ayent abandonnées fans aucune raifon , dans un

(19)

moment des plus critiques ; il répond d'avoir pour eux tout le respect dû à leur gradé, leur observant que si ces Messieurs ne veulent pas se rendre à bord, il est de la derniere conséquence d'élire un Capitaine, parmi le peu d'Officiers qui leur reste, pour conserver un Vaisseau qui doit être cher à tous les bons Français.

L'Equipage a ensuite demandé par la même voie, M. Jacquin, premier Commis, qu'il savoit détenu aux prisons du quartier, protestant qu'il ne rendroit MM. de Santo, ni de Tressemane, Elève, qu'au préalable M. Jacquin ne fut rendu à bord.

A onze heures, l'Equipage ayant été averti que certainement on devoit tirer sur le Vaisseau à boulets rouges & à bombes de tous les forts ; il s'est toué pour tâcher de se mettre hors de leur portée. Vers les quatre heures de l'après-midi, l'Equipage étant accablé de fatigue, quoique pas encore hors des risques du fort l'Islet, M. de Santo dit : » ne craignez » rien, tant que je serai ici, car je crois qu'on ne tirera pas, que je ne » sois rendu au Gouvernement, puisqu'on ne renverra Jacquin, que sous » condition qu'on me remettra à terre, ainsi que M. Tressemane ».

A cinq heures du soir, M. Jacquin est venu à bord, au grand contentement de tous. Il a apporté deux lettres de M. de la Galissonniere, une pour M. Santo, l'autre, pour M. le Tendre : l'Equipage a exigé du sieur Jacquin un détail exact de ce qui s'étoit passé dans cette nuit affreuse, personne ne pouvant en instruire plus pertinemment que lui, puisqu'il s'étoit mêlé avec les bons Citoyens qui faisoient le coup de fusil. Voici son rapport.

Rapport du sieur Jacquin.

Le 30, à une heure du matin, le Régiment avec deux forts détachements, & plusieurs pieces de campagne, ayant bloqué les deux bouts de la rue au milieu de laquelle étoit le corps-de-garde National, a fait feu de son artillerie & de sa mousquetterie sur les Citoyens qui étoient de garde, & en fort petit nombre ; ils se sont défendus autant qu'il leur a été possible : mais étant obligés de céder à la force, les uns ont tâché de se sauver par-dessus les maisons, les autres parmi lesquels je me suis trouvé, se sont rendus à discrétion. On nous a conduits aux prisons du quartier à trois heures du matin ; à cinq heures du soir, six fusiliers, un caporal & un adjudant, m'ont conduit au Gouvernement, où ayant comparu devant M. de Mauduit & M. de la Galissonniere, M. Mauduit m'a parlé en ces termes :

» Monsieur, votre Equipage vous demande, je vous renvoie à votre »bord, à condition, & sur votre parole d'honneur, que vous renverrez »sur le champ, M. de Santo & M. de Tressemane, que faute à moi, si

» ces deux Meſſieurs n'étoient pas délivrés , il tireroit parti de moi ».

A mon arrivée à bord , j'ai fait part à MM. de Santo & de Treſſemane, de la promeſſe que j'avois faite.

A l'inſtant tout l'Equipage a choiſi , d'une voix unanime , M. de Santo-Domingo pour ſon Capitaine, & l'a prié très-inſtamment de vouloir bien prendre le commandement du Vaiſſeau, ayant toute la confiance poſſible dans les talens de ce brave Officier ; à quoi ayant conſenti , tout l'Equipage l'a proclamé Capitaine, & M. le Tendre ſon ſecond.

M. de Treſſemane, Elève & Chevalier de Malthe , a marqué la plus ferme réſolution de reſter à bord, & a prouvé des ſentiments dignes d'un vrai Citoyen , n'ayant pas pû être corrompu par l'exemple de ſes camarades.

Lettre de M. de la Galiſſonniere à M. le Tendre.

Je viens d'écrire à M. Santo, qui vous fera ſans doute part de ma lettre. Je ne vous donneral pas l'ordre que vous déſirez, vous êtes trop utile où vous êtes , pour que j'aie une pareille idée. J'apprends , par M. de Martini , que l'Equipage vous a choiſi pour le commander. Rien ne peut nous permettre , à vous & à moi, de nous oppoſer à ce qu'il deſire. Prenez le commandement du Vaiſſeau, Monſieur, conduiſez-le en France, & vous aurez rendu un grand ſervice à la Nation, & à un grand nombre d'honnêtes gens , qui méritent, de votre part, tous les ſacrifices poſſibles pour leur intérêt commun.

Pouvez-vous craindre, Monſieur, d'être déſaprouvé? vous recevrez des applaudiſſements, tant pour la conduite que vous avez tenue juſqu'à ce moment-ci, que pour celle que vous tiendrez juſqu'à votre arrivée. Vous me paroiſſez inquiet , Monſieur, des propos qui ont été tenus ſur votre compte, & ſur qui n'en tient-on pas ? Je vous répéterai ici, ce que j'ai dit à M. de Santo. Toutes les recherches que j'ai pu faire, m'ont convaincu de ce dont j'étois entierement perſuadé, qu'il n'y avoit aucune eſpece de fondement ; & je vous prie de croire , que ſi je ne penſois pas ce que je vous dis ici, rien au monde ne me l'auroit fait écrire.

Permettez-moi que je m'adreſſe à vous, pour traiter avec l'Equipage du Vaiſſeau, rélativement aux effets de tous les Officiers qui ſont à terre. Je le connois, rien ne ſera touché : mais nous avons tous beſoin de notre linge, & de nos habits, même du peu d'argent que nous pouvons avoir à bord ; ſi vous pouvez obtenir de nous les faire paſſer, vous nous rendrez un grand ſervice à tous. Quant à mes proviſions, je vous prie d'en faire uſage, & vous m'obligerez infiniment de ne les pas épargner : ſi vous ne voulez pas les accepter, mon opinion eſt qu'elles appartiennent de droit aux malades.

Je vous recommanderai aussi Alexandre, le négre qui me sert. Vous savez qu'il ne peut pas être reçu en France, il ne m'appartient pas ; il provient d'une habitation de mon beau pere. S'il y en avoit d'autres à bord, je vous prie de les renvoyer en même temps. Je suis avec le plus sincere attachement, Monsieur, votre très-humble & très-obéissant serviteur,

signé le Marquis de la Galissonniere.

Lettre de M. de la Galissonniere *à M.* de Santo-Domingo.

J'ai reçu votre lettre, mon cher Santo, je ne me rendrai pas à bord, quoique l'Equipage paroisse le désirer. J'ai perdu sa confiance, dès-lors je ne puis plus prétendre à le commander. Je ne peux m'empêcher de donner des éloges sincères à la conduite de M. leTendre, dans les circonstances malheureuses où il s'est trouvé ; je connois, comme lui, les propos qui ont été tenus à terre sur son compte. Je ne lui cacherai pas que j'ai fait quelques recherches, qui m'ont confirmé dans le sentiment intime qu'il étoit un zélé serviteur de la Nation & du Roi. Je sais que l'Equipage du Vaisseau l'a choisi pour son Chef. Il est de son devoir d'accepter le commandement qu'il lui défére : qu'il conduise le Vaisseau en France, il aura rendu un service essentiel à la Nation, & dont certainement elle lui tiendra compte. Je serai coupable, si en adhérant à sa demande, je lui donnois un ordre de débarquement, qui priveroit l'Equipage d'un chef très-capable de le conduire.

Quant à vous, mon cher Santo, pourquoi l'Equipage vous garderoit-il à bord, puisqu'il a choisi M. leTendre pour le commander? J'ose espérer de de lui, qu'en refléchissant un peu plus profondément sur le parti qu'il doit prendre relativement à vous, il vous permettra de descendre à terre dans votre pays natal.

Si vous pouviez aussi obtenir que **M. de Treffemane** vînt rejoindre les autres Elèves, vous m'obligeriez infiniment, je dois compte de tous ces jeunes gens en France, & l'incertitude où je serai long-temps sur **M. de Treffemane**, peine d'avance mon cœur. Je vous avoue cependant que je n'ai nulle espèce d'inquiétude sur son sort, je sais même que l'Equipage l'aime beaucoup. Quant à M. Martini, il m'a demandé de rester à terre, & vous sentez que j'ai dû l'en laisser le maître.

Cette lettre vous sera remise par le Sr. Jacquin, qui est la seule personne duVaisseau qui a été arrêté dans le Chaffouré de cette nuit. Qui que ce soit n'a eu connoissance d'aucun Canonnier fait prisonnier & conduit aux casernes, où l'on a ramassé tous ceux qui ont été pris; j'en donne ma parole d'honneur.

M. votre frere, Député à l'Assemblée générale de St. Marc, est arrivé ici une heure après votre départ ; il eſt dans la plus vive douleur de ne vous avoir pas trouvé. Je ſuis avec le plus ſincere attachement, votre ami & camarade, *Le Marquis de la Galiſſonniere.*

Port-au-Prince, 30 Juillet 1790, à 2 heures & demie du ſoir.

P. S. Si je pouvois avoir mes papiers, je ſuivrois un travail utile pour le ſervice ; parlez-en, je vous prie, avec M. le Tendre.

Ordre par écrit de M. de la Galiſſonniere *à M.* de Santo *de reſter à terre.*

Il eſt ordonné à M. de Santo-Domingo, Lieutenant de Vaiſſeau, emqué en ſecond ſur le Vaiſſeau du Roi le Léopard, de reſter à terre, juſques à nouvel ordre ; & ce, en conſéquence d'une délibération priſe par un Conſeil extraordinaire aſſemblé, tant à raiſon du refus de l'Equipage dudit Vaiſſeau de mettre à la voile, que relativement à d'autres événemens très-importants. Fait au Port-au-Prince, le 29 Juillet 1790, à ſept heures du ſoir. *Signé* LE Mis. DE LA GALISSONNIERE.

Le 30, à ſix heures du ſoir, l'Equipage a voulu abſolument ſe retirer hors de la portée du Fort-l'Iſlet, ayant été averti par celui de la Goëlette *la Légere* qui venoit joindre le Vaiſſeau à la rame, qu'on lavoit, avec grand ſoin, les canons de ce Fort, & que par conſéquent on alloit ſe mettre à même de brûler le Vaiſſeau ; il s'eſt toué & fait remorquer par les bateaux, hors de la portée du canon, quoiqu'il fût extrêmement fatigué ; car y il avoit trois jours qu'il ne repoſoit ni jour ni nuit, ſe tenant dans la plus grande défenſe.

A ſept heures du ſoir, il a laiſſé tomber l'ancre de bâbord, où il a reſté juſqu'au lendemain, la moitié du monde toujours ſur le pont, crainte de ſurpriſe.

A cinq heures du matin M. de Santo, Capitaine, a demandé à l'Equipage où il vouloit aller : il a répondu d'une voix unanime, pour France ; mais qu'il vouloit paſſer par St. Marc, prendre les ordres de l'Aſſemblée générale, à condition qu'on n'y mouilleroit pas, vu la longueur de la campagne, le manque de vivres, le défaut des câbles & amarres ſi néceſſaires dans un hivernage à St. Marc.

En conſéquence, après avoir fait mettre à bord de la Goëlette *la Légere*, tous les effets appartenants à l'Etat-major, & à M. de la Galiſſónniere, ainſi que ſon négre, M. de Santo a voulu auſſi lui envoyer ſes papiers, mais l'Equipage s'y eſt oppoſé, & a dit qu'il falloit qu'ils fuſſent examinés ; de plus, le Pilote-côtier qui étoit malade, ne pouvoit pas s'expoſer à faire route pour France. L'Equipage de ladite Goëlette ayant voulu venir à bord du Vaiſſeau, M. de Santo, Capitaine, donna ordre,

par écrit, à M. Eyraut qui la commandoit, de venir à bord du Vaiſſeau, vu le petit nombre d'Officiers.

Au même inſtant le Vaiſſeau a appareillé. Le 1er. Août, à cinq heures
du matin, on a apperçu un bateau ſortant de St. Marc; on a prié en conſéquence l'Officier de quart d'approcher de terre, pour apprendre quelques nouvelles de cet endroit. L'Officier a été prendre l'ordre du Capitaine, qui a ordonné cette manœuvre. Auſſi-tôt le bateau eſt arrivé
vent arriere ſurle Vaiſſeau, & nous avons mis en travers pour l'attendre:
on a hélé ſur lui à la portée de la voix, il a répondu qu'il venoit de
St. Marc, & qu'il vouloit nous parler. Lui en ayant donné la permiſſion,
il eſt venu à bord deux Meſſieurs qui ſe ſont dit Députés de l'Aſſemblée
générale de St. Domingue, *Suir & Moreau*. Pour lors il a été donné
un coup de ſifflet, que tout le monde paſſe derriere. Ces Meſſieurs ont
fait lecture, à haute voix, de onze pieces très-intéreſſantes. La lecture
étant faite, l'Equipage a applaudi par cinq cris de *vivent le Roi & la
Nation.*

Ces Meſſieurs ont témoigné le deſir qu'ils auroient, que quelques membres de l'Equipage fût à St. Marc recevoir au ſein de l'Aſſemblée générale,
les témoignages d'affection qui leur avoient été démontrés par ces deux
Députés. En conſéquence il a été nommé, d'une voix unanime, neuf
d'entr'eux, pour remercier très-reſpectueuſement l'Aſſemblée, des offres
généreuſes qu'elle leur avoit faites, & lui offrir entierement ſes forces,
pour le ſoutien du bonheur des Français, dont cette auguſte aſſemblée
ne ceſſoit de s'occuper.

L'Equipage voyant partir les premiers Maîtres, témoigna en avoir peine,
craignant pour eux quelqu'accident. M. le Suir, l'un des Députés, s'of-
frit de reſter à bord comme pour ôtage, juſqu'à ce qu'ils fuſſent rendus.

Aucun des membres de l'Equipage ne put trouver d'expreſſions aſſez
énergiques, pour rendre les témoignages de cette douce amitié, & de
cette ſenſibilité qui n'eſt faite que pour des cœurs vraiement patriotes.
C'étoit à qui les verroit, à qui les auroit pour s'entretenir avec eux. O
combien ſont malheureux ceux, qui ne ſavent pas goûter ce bonheur!

Sur le rapport des neuf Députés du Vaiſſeau, du manquement de
Vivres & Câbles, &c., l'Aſſemblée générale envoya de ſuite un Câble
de quinze pouces.

Le Vaiſſeau louvoya toute la nuit devant la Baye. Le lendemain, 2
Août, les membres de l'Equipage déſirant d'aller à bord du Vaiſſeau,
l'Aſſemblée générale ſe voyant menacée de ſubir le ſort de ſes Concitoyens du Port-au-Prince, fit un décret, & nomma quatre Députés

pour le fignifier au Capitaine du Vaiffeau. Etant arrivés à bord , aux cris de vivent le Roi & la Nation , ils le lurent à haute voix fur le gaillard d'arriere.

L'Equipage , pénétré des rifques que l'Affemblée générale , ainfi que tous les Concitoyens de St. Marc , couroit , pria le Capitaine de donner fon avis dans une conjonĉture auffi critique. M. de Santo répondit que , vu les ordres du Roi & le décret de l'Affemblée générale , qui témoignoit qu'elle étoit ménacée d'être attaquée , il penfoit que le parti le plus fage étoit d'aller mouiller à St. Marc , afin que la préfence du Vaiffeau en imposât à ceux qui auroient été capables de mal faire , pour éviter l'effufion de fang , & donner un prompt fecours : le Vaiffeau mouilla à fix heures du foir.

Décret de l'Affemblée générale fignifié au Vaiffeau le Léopard , le 2 Août 1790.

Extrait des Régiftres de l'Affemblée générale de la Partie Française de St. Domingue , féance du premier Août 1790 , de relevée.

L'Affemblée confidérant que les attentats commis dans la Ville du Port-au-Prince , dans la nuit du 29 au 30 de ce mois , par le Colonel Mauduit , à la tête d'une partie de fon Régiment , donnent lieu de croire que les ennemis de la Patrie pousseront plus loin leurs projets fanguinaires.

Confidérant que le Vaiffeau le *Léopard* , *le fauveur des Français* , eft le plus fûr rempart que l'Affemblée puiffe oppofer à fes ennemis ; que la conduiteque le Baron de Santo-Domingo , les Officiers de l'Etat-major , & le généreux Equipage de ce Vaiffeau , ont tenue au Port-au-Prince , nous eft un garant de leurs difpofitions à porter aux Citoyens de St. Marc , & à toute la partie Française de St. Domingue , tous les fecours qui dépendront d'eux , a décrété qu'il fera envoyé quatre Commiffaires , auprès du Capitaine commandant , & de l'Equipage du Vaiffeau le Léopard , à l'effet de repréfenter à ce brave Capitaine , que l'Affemblée générale eftime , qu'il convient à la fûreté de la Ville de St. Marc , qu'ils veuillent bien entrer avec le Vaiffeau dans la rade de St. Marc , pour protéger l'Affemblée & les Citoyens de cette Ville.

MM. de *Nogerai* , *Lacombe* , *Moreau* & *Gomeriel de Benazet* , ont été nommés à cet effet , & font fpécialement chargés d'inviter M. le Baron de Santo-Domingo , l'Etat-major & l'Equipage du Vaiffeau le Léopard ,

fauveur

sauveur des Français , de venir mouiller dans cette rade , pour protéger la Ville contre les entreprises dont elle est menacée.

Fait en Assemblée générale, les jour , mois & an que dessus.

Signé, THOMAS MILLET, *Président ;* Depons, *Vice-Président ;* Mongin, & Denis, *Secrétaires.*

Avec le sceau de l'Assemblée.

Et ont signé dans l'extrait dudit Procès-verbal envoyé à l'Assemblée, le 6 Août 1790 ,

Noël-félix-aubin Mouchet.
maurice le Mortelec.
jacques Guillou.
lucas Samson.
jacques Dervé.
jacques Altazin.
allain Heraut.
louis Rateau.
françois le Gouille.
joseph Hovet.
françois Mingant.
louis Compagnon.
louis cicrier.
françois Drouillard.
louis-thomas Hevin.
jacques Cousin.

Troisieme plat.

jean Jonquent.
alain Coidel.
laurent Thomas.
hypolite Bonnet.
jean Robin.
claude Marhadour.

Quatrieme plat.

rolland Creriou.
yves le Laise.
jean-louis Louet.
michel le Blai.
antoine-Augustin le Sueur.
yves Bauchet.
yves le Gac.

Cinquieme plat.

jean Saliou.
René le Roux.
Richard l'Ecuyer.
charles Dubreuil.
gilles Loisel.
daniel Ockemann.
laurent Andot.

Sixieme plat.

maurice le Roy.
jean la Houssaye.
fiacre Rafer.
louis-michel le Vensus.

françois Kéré.
rené Chartier.
joseph Brénier.

Septieme.

vincent Thomas.
olivier gargan.
pierre Francias.
pierre Corvasier.
joseph Bœuf.
louis Brindol.
gilles Kernel.

Huitieme.

jean Farus.
pierre Olivier.
vincent Jollet.
pierre le Gouar.
françois le Cor.
robert-michel Chavigny.
louis-julien le Mercier.

Neuvieme.

jean-marie Cregniou.
pierre Maillard.
jean de la Laurande.
jean Bériet.
pierre Forget.
françois-aubin David.
jean-pierre Blime.

Dixieme.

charles Plaquet.
jacques Phili.
françois Amon.
jean Legal.
pierre-simon Lucier.
jean-baptiste Jouet.
jean-françois Bidet.

Onzieme.

jacques le Vaillant.
jean-marie Cap.
mauri Dulcher.
pierre le Paley.
jean Deau.
joachim Chevalier.
jean-pierre Harang.

Douzieme.

gabriel Kerbennes.
henri Arcain.
rené Magré.
pierre Molineau.
jean-marie Nicolas.
pierre-Antoine Dacier.
pierre Léguillon.

Treizieme.

jean-marie Salec.
jean-marie Mazé.
pierre Keromnès.
jacques Henry.
jean Tessier.
pierre Boulin.
pierre Kergal.

Quatorzieme.

corantin Fleque.
marie-noël Frick.
jean Couette.
paschal Corbé.
pierre-marie Bannet.
charles Gurieque.
jean-baptiste Tornelle.

Quinzieme.

jean-jacques Giraut.
clément vincent.
gaspard Condelau.
charles-françois Baudou.
louis païs.
yves Gouran.
jean Fauchet.

Seizieme.

françois-pierre Boss.
jean Seguinau.
pierre Péroy.
philippe doucet.
jean Guidoneau.
louis-philippe la Porte.

Timonniers, premier plat.

michel-joseph Stéphant.
jean-alain Stéphant.
jean-yves Rose.

D

Suite des *Timonniers*,
premier plat.

lean baptiste Mauger.
jean Richeux.
pierre Petit.
rené Voivard.

Deuxieme.

jean-pierre Deumay.
pierre Beaumont.
paul Berthelet.
louis-marie Belon.
jules Gerard.
joseph Duvilliers.
jean-louis Gueguen.

Troisieme.

louis-henri Couder.
louis Elie.
pierre brun.
bernard Canteloup.
guillaume-françois Duchemin.
charles Porte.
jacques-marie Stéphant.

Voiliers.

pierre Scouarnec.
jean-françois Tabary.
sané Pochard.
jean Héraut.
joseph Moreau.

Calfats.

julien Denay.
jean-marie Gras.
alain Derrien.

Charpentiers.

joseph Mercier.
jean-rené le Sauce.
Mathurin Soliman.

Chaloupiers, premier plat.

pierre Bamdé.
nicolas Cloiré.
bertrand Bonégard.
yves Clairec.
françois Thomas.
yves Lagadec.
yves le Noine.

Deuxieme.

yves David.
laurent Lanreal.
pierre Lorec.
jean le Gal.
louis Rigeaut.
paul clément.
mathurin Gautier.

Troisieme.

jean-baptiste le Clair.
pierre Jahan.
louis Lissiour.
pierre Guerverre.
jean-baptiste le Génégant.
guillaume perrot.
jean Chaouen.

*Canotiers du grand canot,
premier plat.*

étienne Créton.
joseph Rénan.
pierre dovet.
jean Tasseron.
françois le Bageusse.
andré Chalia.
rené Richeux.
pierre Rouellec.

Deuxieme.

pierre Himbert.
jean-marie Guénégant.
joseph Magnan.
jean-joseph Codanea.
françois le Noir.
julien Minguet.
nicolas Lenneau.

*Canot des Officiers,
premier plat.*

jean Lucas.
louis Garnier.
pierre Marhadour.
michel-antoine le Courtois.
jean Guérin.
julien Quiniou.
vincent le Port.

Deuxieme plat.

joseph Morin.
jean la Combe.
jean Audet.
guillaume Lucas.
étienne Tardi.
césar-marie Morgan.

Canot à clin.

charles-françois Pepin.
louis Fretel.
louis Héri.
jean-charles de la Rue.
jean-françois Chavanne.
françois-jacques Yvon.

Canot neuf.

jean Lamotte.
jean-baptiste Tanousse.
vincent Carpentier.
jean-charles Delolson.
jean-rené Keroua.

robert-pierre Beillé.
frédéric Petit.

Petite chaloupe.

hervé Tassel.
françois Bélanger.
réné Broi.
nicolas Hénaud.
césar-jacques Hurel.

Canots du Maître d'Equip.

pierre Lamet.
julien huet.
mathurin Dagorne.
julien Sagette.
joseph Maurice.

Caliers, premier plat.

augustin Féchamp.
pierre l'Hermite.
jean-françois-matthieu Baudin.
pierre Guillomard.
pierre Porcher.

Deuxieme.

pierre Bannier.
françois Laveille.
françois Ripoche.
louis Laurenceau.
joseph Auret.

Fosse aux Lions.

françois Salaun.
bernard-Thomas Andreset.

Matelots d'offi. & de cuisine.

jean l'Hostis.
françois Corbeau.
pierre Amiraud.

Matelots cocqs.

laurent Lehérissé.
jean Ouic.

Matelots Tonneliers.

pierre Caillaud.
jean Bichon.
bernard Rousse.

Matel. de poste des malades.

françois Aubert.
jean Donneval.
jean-baptiste Fagot.
Brunet.

Gabiers de grande hune.

françois le Horm.
françois-Toussaint Tremantin.
jean-gabriel la Croix.
jean Egreton.
antoine le His.

Suite des *Gabiers.*

pierre Démontraire.
jean Herveaux.
andré Tourmol.

Gabiers de Misaine.

thomas Prigent.
martin Hurel.
pierre-nicolas Robin.
louis Leroy.
charles-Guftaves Reinold.
paul Perherin.
febaftien Donou.
yves Toufé.

Gabiers de beaupré.

pierre-léonard Avril.
jean-moyfe Bréman.
chriftophe Déredec.
françois Jalen.

Gabiers d'artimon.

nicolas Madec.
noël Deslandes.
michel-benoit 'Lazenec.
jofeph Quérellon.

Détachement du corps-royal de la Marine.

jofeph Rozotte.
pierre Fériot.
jofeph le Vert.
O. R. Fourmantin.
André Goguin.
jean-galles Scheneider.
Guéguen.
françois David.
françois le Moële.
Erenft.
auguftin Céfard.
Rabut.
Remy.
jean Piche.
jacques Martin.
jean Beauchat.
hilaire-petit Colin.
yves Salin.
louis Lacroix.
claude Lanfa.
Duburque.
françois Coulon.
luc Menié.
Duine.
laurent Bidaut.
gabriël Paul.
Bourgeois.
léonard Gillard.
jofeph Vaillant.
jofeph Vaucelle.
george Viker.

Suite du *Détachement,* &c.

Patorilet.
Courtain.
Carré.
Rozet.
Godillard.
Maan.
Leblond.
Fiquet.
Gillet.
Henon.
Nicolas.
Lioncourt.
Lemoine.
Kropp.
Magot.
Vollet.

Officiers-mariniers.

jofeph Ricard.
Menard.
Coquet.
Lemoine.
Jourdain.
Martin Berthele.
Guyader.
pierre Daniel.
Quintain.
louis Daviau.
le Roux.
Larzur.
Diot.
Friare.

Contre-maîtres.

Crenne.
Simon.
Fournier.

Deuxiemes Maîtres.

Satia.
Dorgeon.
Venery.
Montreuil.
Cullinet.
pierre Bourgeois.

Seconds Maîtres de la Manœuvre.

françois Cloirer.
Donnou.
Allain.

Seconds Pilotes.

G. Mamineau.
Damerot de Villeneuve.

Seconds Maîtres de Manœuvre.

Simie.
Bourolec.
Simon.

Premiers Maîtres.

p. j. Lutringé., *Maître Armurier.*
hilaire Godard, *Surnuméraire.*
Guerand.
Blot, *Maître Calfat entretenu.*
Daniel.
Jardoin.
Noyés, *Capitaine-d'Armes.*
Raillard.
Lavoye, *premier Maître d'Equipage entretenu.*

Surnuméraires.

Jëannier, *aide-Chirurgien.*
Chafferiau, *aide-Chirurgien.*
Brun, *fecond Chirurgien.*

Officiers du Munitionnaire.

Jacquin, *prem. Commis aux Viv.*
Palier.
Chiron.
Nieder.
Madec, *Coq.*
Kiprt.
Piriou, *Maître Boucher.*

Volontaires.

Fournier.
Le Febvre de la Fauffe.

Etat-major.

Treffemanes, *Eléve.*
Duchemin, *Aumônier.*
Jilloux, *Chirurgien.*
Ergo, *Officier.*
Eyraud,
M. Letendre.
Le Baron de Santo-Domingo.

SÉANCE du Conseil général de la Commune de Brest, du 14 Septembre 1790, présidé par M. MALASSIS, Officier Municipal, en l'absence de M. le Maire, la majorité des membres présente. M. CAVELLIER, Procureur de la Commune, aussi présent.

AUjourd'hui quatorze Septembre mil sept cent quatre-vingt-dix, le Conseil général de la Commune assemblé, s'est occupé des objets ci-après. Six Commissaires de l'Assemblée générale de la partie Française de St. Domingue venue en France sur le Vaisseau de la Nation *le Léopard*, ayant été introduits dans la Salle du Conseil aux applaudissements de tous les Membres & d'une galerie nombreuse, M. de Cullion, l'un d'eux, portant la parole, a raconté de la maniere la plus succinte & en même temps la plus pathétique, les vexations de tout genre qu'ont exercée contre les habitants de cette Isle infortunée les agents du pouvoir exécutif y résidant, de concert avec les Officiers commandant la Station. Il a dévoilé avec l'énergie du plus ardent patriotisme les plus affreux complots, les trahisons les plus noires, & les attentats les plus révoltants ; il a dénoncé courageusement comme traitres à la patrie, comme ennemis déclarés de la constitution, des hommes payés par la nation pour servir la premiere, & qui avoient juré de maintenir la seconde de tout leur pouvoir ; des hommes qui devoient répandre l'allégresse dans la Colonie en y annonçant les loix bienfaisantes de l'Assemblée nationale, des hommes qui en France avoient usurpé la réputation de Citoyens patriotes, & ne sont pas plutôt descendu sur le rivage de l'Amérique, qu'ils surpassent en cruauté les monstres les plus sanguinaires.

Ce discours a tour à tour fait verser des larmes d'attendrissement sur la situation vraiement affligeante de la Colonie, & excité l'indignation générale contre les vils suppôts du despotisme ; il a successivement inspiré un attachement inviolable aux Français de l'autre hémisphere & une haine implacable pour leurs lâches oppresseurs ; il a souvent été interrompu par les élans du patriotisme, par les frémissemens de la rage, & surtout par les applaudissemens qu'ont obtenu à juste titre l'éloquence persuasive & la touchante sensibilité de l'Orateur.

Il a été ensuite donné lecture par M. de Cullion & les autres Membres de la Commission ;

1°. D'un Décret de l'Assemblée générale par lequel elle rend compte des motifs pressans qui l'ont déterminée à quitter tout ce qu'elle a de plus cher, & à passer en France : motifs puisés dans la cruelle alternative d'opposer la force à la force , & de verser des flots de sang , ou de renoncer à la liberté & au bonheur que promet la constitution française ; dans la nécessité de se soustraire à ses persécuteurs & de les dénoncer à l'Assemblée nationale ; dans l'avantage pour la nation de mettre au grand jour les abus les plus désastreux , les malversations , les dilapidations & les brigandages d'administrateurs avides & infideles , & d'odieux Commandants transformés en infames Concussionnaires.

2°. D'une adresse à la Municipalité de Brest, où les Commissaires rendent une Justice authentique au civisme & à la générosité de M. de *Santo-Domingo* , commandant le Vaisseau de la nation le Léopard, surnommé par la Colonie *le Sauveur des Français* ; où il font une mention honorable des sentiments patriotiques qu'ont fait constamment éclater l'Etat-major, la Garnison & l'Equipage de ce Bâtiment ; où ils mettent tous ces braves & vertueux citoyens sous la sauve-garde de la Commune de Brest ; où ils réclament secours & assistance pour les zélés Gardes-nationaux qui n'ont pas balancé d'abandonner leurs foyers pour escorter l'Assemblée générale ; où enfin ils conjurent la Municipalité de Brest de s'opposer au départ de la Station destinée pour St. Domingue , jusqu'à la réception des nouveaux ordres qu'ils vont solliciter.

3°. De plusieurs adresses flatteuses de différentes Paroisses & Municipalités de l'Isle à l'Assemblée générale , portant une adhésion entière à tout ce qu'elle jugera utile d'arrêter , & tendant à manifester le plus entier dévouement à la chose publique.

4°. D'une adresse des Représentants de la partie Française de St. Domingue aux Français du Continent. Cette piece offre l'hommage le plus respectueux & le plus soumis rendu au zele & aux lumieres des Législateurs de l'Empire, & la reconnoissance la mieux sentie pour la constitution qui en est émanée. On a applaudi avec transport aux sentiments patriotiques qui à chaque page sont tracés en caractere de feu, & l'on a gémi en entendant le récit des malheurs qui depuis longtems désolent l'Isle de St. Domingue.

5°. Du Procès-verbal du Vaisseau le Léopard contenant un précis des événemens qui se sont passés, tant à bord du Bâtiment, qu'en rade du Port-au-prince, depuis le 27 Juillet 1790, jusqu'au 2 Août suivant. Les faits consignés dans cet écrit à mesure qu'ils ont eu lieu, ne permettent pas de douter un instant des intentions perfides & des coupables projets des agents du pouvoir exécutif, & les preuves rapportées au soutien exigent impérieusement la punition sévere d'un grand nombre.

M. le Procureur de la Commune a aussi lu les Paquets remis aux membres du Bureau municipal, par MM. les Commissaires de l'Assemblée générale.

Le premier contenoit les pouvoirs expédiés à MM. les Commiſſaires pour traiter avec la Municipalité de Breſt.

Le ſecond une lettre honnête de l'Aſſemblée générale à la même Municipalité, ayant pour objet de l'engager à accueillir favorablement la Commiſſion.

Le troiſieme une autre lettre de l'Equipage du Vaiſſeau le Léopard aux Officiers Municipaux, par laquelle il réclame la protection & la ſauvegarde de la Commune.

Le Procureur de la Commune adreſſant enſuite la parole au Conſeil, a dit :

MESSIEURS,

» Vous connoiſſiez depuis long-temps la fureur & la rage de vos ennemis, & néanmoins vous avez de la peine à croire les horreurs que vous venez d'apprendre ; la raiſon en eſt ſimple, c'eſt qu'il eſt des atrocités que les cœurs magnanimes ne ſauroient ſuppoſer. Les ſcenes ſanglantes, dont l'Iſle de St. Domingue vient d'être le théâtre, ſe paſſeroient ſous vos yeux, dans le ſein même de votre Ville, ſi vos ennemis n'étoient encore plus lâches que méchants. Mais ils ſavent que vous avez toujours les yeux ouverts ſur leur conduite ; ils ſavent qu'une ſeule démarche équivoque ſuffiroit pour faire prendre les armes à toute la Garde nationale, & à leurs freres des Troupes de ligne ; ils ſavent que le jour où l'on découvriroit une trahiſon de leur part, ſeroit auſſi celui où vos murs ſeroient purgés de ces ſcélérats. Ce n'eſt pas dans le continent où ils ont à combattre l'opinion publique & deux millions de Soldats citoyens, qu'ils iront manifeſter leurs coupables projets, c'eſt dans une Colonie éloignée où tous les eſprits ne ſont pas encore déterminés à un parti fixe & invariable, où les agents du deſpotiſme ſont reſaiſis de tous les pouvoirs, qu'ils vont répandre le venin dont leur cœur eſt ulcéré. Tels ces animaux féroces qu'on a arrachés des deſerts de l'Afrique, ont, lorſqu'ils ſont environnés d'un peuple nombreux, un air morne qu'on prendroit d'abord pour de la douceur ; mais s'ils parviennent à briſer leurs chaînes & à forcer leurs priſons, ils déchirent & mettent en pieces tout ce qui ſe trouve ſur leur paſſage. Vos cœurs ſont ſerrés, Meſſieurs, du triſte récit que vous venez d'entendre. Vos larmes coulent ſur le ſort de cette Iſle infortunée, jadis floriſſante & maintenant déſolée par ceux mêmes dont elle avoit droit de réclamer la protection & les ſecours. Mais que l'indignation prenne la place de la douleur. La trahiſon eſt affreuſe, que la vengeance ſoit prompte & éclatante. Joignez, Meſſieurs, vos efforts à ceux de ces braves Colons, pour obtenir juſtice & la punition des traîtres : ils ſont Français, ils ſont vos freres, l'immenſſité des mers ne doit pas mettre d'intervalle entre leurs cœurs & les vôtres ; & quand ils n'auroient pas ces deux titres puissants à votre assistance, ils en ont un sacré, ils sont malheureux, & viennent d'un autre hémisphere réclamer les droits de l'humanité outragée. »

Il a ensuite réquis que l'adresse aux Français du Continent, fût imprimée à 1000 exemplaires.

Qu'on promît formellement de témoigner à M. de *Santo-Domingo* la satisfaction du Conseil, de la maniere distinguée dont il s'étoit comporté envers l'Assemblée générale, & de protéger, autant que besoin seroit, collectivement & individuellement, tous les hommes composant la Garnison & l'Equipage de son Vaisseau.

Que le Conseil s'opposât de tout son pouvoir, conformément aux désirs de l'Assemblée générale, au départ de la station destinée pour St. Domingue, avant l'obtention des nouveaux ordres qu'elle compte solliciter.

Qu'on s'occupât, sans délai, des moyens de faire aux membres de l'Assemblée générale la réception la plus honorable, l'accueil que méritent de généreux Citoyens qui ne balancent pas de quitter leurs familles, de traverser les mers, & de faire des sacrifices de tout genre, pour venir dénoncer les attentats du despotisme, & demander justice aux restaurateurs de la liberté ; & qu'on ne négligeât rien pour consoler des amis & des freres, des maux qu'ils ont soufferts, pour leur faire oublier un instant les crimes qui les ont pour ainsi dire exilés de leur patrie, & pour leur prouver combien leur position actuelle intéresse vivement leurs compatriotes Brestois.

Le Conseil délibérant sur les différents objets énoncés dans le réquisitoire du Procureur de la Commune, a arrêté :

1°. De prier les Députés de la Sénéchaussée d'étayer de tous leurs moyens & de ceux de leurs amis, les justes réclamations de l'Assemblée générale de St. Domingue auprès des Représentants de la Nation.

2°. De faire imprimer au plutôt, aux frais de la Commune, l'adresse des Représentants de la partie Française de St. Domingue aux Français du continent, pour des exemplaires en être distribués à Brest, adressés à l'Assemblée nationale, & envoyés aux différentes Municipalités du Royaume.

3°. De rédiger une adresse au Capitaine, aux Etat-major, Garnison & Equipage du Vaisseau *le Léopard*, à l'effet de leur témoigner à tous, combien le Conseil a été pénétré de preuves non équivoques de patrio-

tifme qu'ils ont données dans cette circonftance, & des marques d'attachement qu'ils ont prodiguées aux dignes & refpectables membres de l'Aflem-
blée générale, de les prendre fous la fauve-garde de la Commune, &
de défendre leurs intérêts dans toutes les occafions.

4°. De requérir du Commandant de la Marine de donner les ordres néceffaires pour que le départ du Vaiffeau *la Ferme*, deftiné pour la ftation de
St. Domingue, foit différé jufqu'à nouvel ordre ; & en cas qu'il refufât
d'accéder à cette réquifition, de le rendre perfonnellement refponfable
de tous les événements fâcheux qui pourroient s'enfuivre.

5°. De faire commander à l'inftant 200 hommes de la Garde nationale,
pour fervir de Garde d'honneur aux membres de l'Affemblée générale ;
lorfqu'ils defcendroient à terre ; de nommer une Députation compofée
d'Officiers municipaux & de Notables, pour aller les prendre à bord,
tandis que les autres membres du Confeil les attendroient fur le quai,
pour les accompagner enfuite jufqu'à l'Hôtel commun.

6°. De diftribuer les membres de l'Affemblée générale chez les Citoyens les plus aifés ; d'engager ces derniers à remplir envers leurs freres
des Colonies, les devoirs facrés de l'hofpitalité, & à leur procurer tous
les agréments propres à bannir leurs alarmes & à réparer leurs forces épui-
fées par les fatigues d'un long voyage.

7°. D'en agir de même envers les Gardes nationaux, foldés, qui ont
uni leur fort à celui des Repréfentants de la partie françaife de St. Domingue, & de leur faire fournir les vêtements & autres objets de premiere néceffité dont ils pourroient avoir befoin.

Et fur ce qu'il eft midi, la féance a été renvoyée à deux heures.

A deux heures de relevée, le Cortége eft forti de l'Hôtel commun
pour aller au devant de l'Affemblée générale. Il étoit compofé de MM.
les Commiffaires, des Adminiftrateurs du Diftrict, des membres du
Confeil général, des Députations de la Garde nationale, du corps des
Canonniers-matelots, & du Club patriotique. Il a defcendu la grande
rue, efcorté par deux rangs de Gardes nationaux fous les armes. Il a
rencontré fur la place de médifance un grand nombre de Canonniers-
matelots rangés en haie. Il a defcendu la grand'rue, & s'eft rendu à la
cale de l'Amiral. Alors MM. les Commiffaires, trois Officiers municipaux,
trois Notables, le procureur de la Commune & toutes les Députations
fe font embarqués dans des canots préparés à cet effet, pour aller à
bord du *Léopard*, complimenter la Capitaine, la Garnifon & l'Equipage,
faluer l'Affemblée générale & la conduire à terre ; mais à peine le Cortége avoit-il quitté la cale, qu'il a reconnu les Repréfentants de la Colonie, qui, impatiens de revoir leurs Commiffaires, arrivoient dans la
chaloupe

chaloupe du Vaiſſeau. Les canots virerent de bord, & l'on fit ſigne à la chaloupe de les ſuivre.

On aborde, & après un ſalut amical de part & d'autre, on ſe remet en marche, ayant en tête la muſique de la Marine qui jouoit des airs analogues à la circonſtance, toujours eſcorté par la Garde nationale, précédé & ſuivi par un peuple nombreux, qui crioit avec tranſport : Vive la Nation, vive le Roi, vivent les Députés de St. Domingue. Dans cet inſtant la Compagnie des Canonniers nationaux a fait une ſalve de 17 coups de canon. Toutes les croiſées étoient garnies de perſonnes de tout ſexe & de tout âge, dont les traits exprimoient le plus vif intérêt, & dont les yeux humides de larmes prêtes à s'échapper prouvoient aſſez combien leurs cœurs étoient émus. L'Hôtel Commun ne pouvant, par ſon local, contenir l'affluence des Citoyens qui s'empreſſoient ſur les pas de l'Aſſemblée générale, & ne pouvoit ſe raſſaſier d'en voir les membres, on eſt entré dans la chapelle de la Congrégation. Là, le Diſtrict, la Municipalité & les Députations ont ſucceſſivement complimenté MM. les Repréſentants de St. Domingue, & MM. d'Augy & de Cullion, répondant au nom de leurs Collégues, ont voué à la Commune de Breſt les ſentiments de la plus étroite fraternité, & ont excité des applaudiſſements univerſels.

L'Aſſemblée s'eſt enſuite transportée à l'Hôtel commun, pour prendre un moment de repos, tandis qu'on formoit le rôle de logement. Elle eſt enſuite allée à la Comédie, accompagnée par MM. les Adminiſtrateurs du Diſtrict & les membres du Conſeil général, & le Spectacle fini, chaque Citoyen a ramené chez lui ſes hôtes. Ainſi s'eſt terminée cette journée ſignalée par les ſenſations les plus douces & les plus pures que puiſſent éprouver des cœurs vertueux & ſenſibles.

Fait & arrêté en Conſeil, leſdits jour & an. *Et ont ſigné,*

Malaſſis, Dagorne aîné, Billard pere, Berthomme aîné, Douefnel, l'Ecuyer, Berſolle, Duval-le-Roy, Binard pere, Bechenec, Dandin neveu, la Riviere, Branda., Officiers-Municipaux ; *Cavellier,* Procureur de la Commune.

Feburier-Laſſaigne, Bunelle pere, Marchand aîné, Geſnouin, Barré, le Moine, Beurrier, Duret, Laurans, Hardy pere, Dupré, Edern, Gaudelet, Fremy, Pleſſis pere, le Jamble. Marzin aîné, le Fournier, Grimaud, Rahier pere, Corre de Villeſon, Notables.

Pour Copie conforme à la minute de la Délibération.

BRONSORT, *Secrétaire-Greffier.*

E.

RÉQUISITOIRE du Conseil à M. le Commandant de la Marine, pour différer le départ du Vaisseau la Ferme.

MONSIEUR,

MM. les Députés de St. Domingue nous ont raconté les vexations de tout genre qu'ils ont éprouvées de la part des Agents du pouvoir exécutif, résidant dans leur Isle, & même de celles des Commandans des Vaisseaux en station dans cette Colonie ; ils nous ont mis sous les yeux des preuves qui ne permettent pas de douter de la vérité de leur récit & de la justice de leurs plaintes. Ils nous ont conjuré de nous opposer de tout notre pouvoir au départ des Bâtiments qui seroient destinés à la station de ladite Colonie, jusqu'à la réception des nouveaux ordres qu'ils vont solliciter. Nous vous réquérons en conséquence, Monsieur, de différer la sortie du Vaisseau *la Ferme* qui doit aller d'abord à la Martinique pour se rendre ensuite à St. Domingue ; nous aimons mieux supporter le blâme, s'il y en à encourir, que de nous exposer au reproche sanglant & mérité que pourroient nous faire de braves Compatriotes que nous chérissons, d'avoir souffert patiemment qu'on fît passer aux Colonies de nouvelles forces, dont leurs ennemis pourroient encore se servir pour les opprimer.

A Brest, le 14 Septembre 1790. *Signé,* MALASSIS, Berthomme, l'Ecuyer, le Roy, Binard & Béchenec, *Membres du Bureau Municipal ;* Cavellier, *Procureur de la Commune.*

ADRESSE du Conseil général de la Commune de Brest, à M. de Santo-Domingo, commandant, à l'Etat-major, à la Garnison & à l'Equipage du Vaisseau le Léopard.

IL est bien doux, il est bien consolant pour des cœurs vertueux, enflammés de l'amour de la Patrie, de rencontrer des cœurs qui leur ressemblent. C'est une jouissance bien grande pour de bons Patriotes que la confiance publique a chargés des intérêts de leurs Concitoyens, de serrer dans leurs bras des freres qui, guidés par les mêmes motifs, occupés du même objet, & tendant au même but, ont donné dans un autre hémisphere, un exemple éclatant du civisme le plus désintéressé. Après avoir lutté contre le plus sordide intérêt, contre l'orgueil le plus révoltant, & contre l'égoïsme le plus odieux ; après avoir eu à combattre les prétentions les plus injustes, à prévenir les plus infâmes complots, à faire avorter les plus funeftes projets ; lorfqu'on a long - temps été environné d'hommes faux & cruels , & qu'on trouve enfuite réunies toutes les qua- lités , toutes les vertus qui excitent l'admiration , attirent l'attachement & commandent l'eftime ; on fent tout-à-coup fon cœur foulagé d'un pefant fardeau ; on chérit encore l'exiftence ; on aime encore fes femblables ; on croit à un meilleur ordre de chofes ; & déjà on s'imagine en goûter les prémices. Tel un voyageur fatigué par une route pénible & rabo- teufe , attrifté par l'afpect continuel de la folitude & de la ftérilité , mar- chant à travers les plus affreux précipices , reprend courage, en découvrant devant lui , une pleine riante & fertile & couverte d'un grand nombre de hameaux , & repofe délicieufement fes regards fur une fcène pittorefque qui retrace , à la fois , à fes yeux l'image de l'innocence & du bonheur. Ce tableau eft une foible efquiffe des fenfations pures qu'ont fait éprouver aux Habitants de Breft ;

Un commandant qui élevé dans des maximes defpotiques , a préfervé fon cœur de ce poifon fubtil qui corrompt fi fouvent une ame jeune & facile ; qui faifant partie d'un corps fur lequel les préjugés de naiffance & de rang avoient tant d'empire , a eu le courage de mettre au-deffus de tout le mérite & la vertu qui , dans le commerce journalier de fes cama- rades , dont plufieurs lui reffemblent fi peu , a fu mériter, a fu confer- ver leur eftime , fans perdre l'attachement des Matelots ; qui , enfin , n'a pas attendu la promulgation des droits de l'homme, pour reconnoître un frere dans chacun de fes Concitoyens ;

D'eftimables Officiers , digne de fervir la Nation fous un tel chef , pour qui , dans cette circonftance , leurs devoirs font devenus de vrais plaifirs , & fait pour donner , à leur tour , l'exemple qu'ils fe font empreffés de fuivre ;

De braves Canonniers-matelots , qu'un injufte orgueil a, jufqu'à préfent, condamnés à l'obfcurité , quoique plufieurs euffent dans les combats mon- tré un courage héroïque, que leurs fupérieurs affectent de confidérer peu, & que fouvent ils font forcés d'admirer ; qui réfiftant aux careffes intéref- fées , aux promeffes féduifantes , aux invitations perfides , ont fu confer- ver leur vertu dans l'atmofphere du crime ; qui , fe défiant des fuggef- tions artificieufes , repouffant les propofitions équivoques , également inacceffib es à la crainte & à l'intérêt , ont conftamment fuivi pour guide, la voix toujours sûre de leur confcience ;

Des Marins chers à la Patrie , dont la conduite dément tous les jours l'opinion défavorable que s'efforcent d'en infpirer ceux même qui leur doivent toute leur gloire ; qui , à la plus grande fimplicité uniffent quelque- fois le génie , & qui , fous une apparente rudeffe , récelent les fentiments les plus élevés.

E 2

O vous tous, généreux concitoyens du Léopard, qui n'avez vu dans les Repréfentants de St. Domingue que des amis, des freres perfécutés, & leur avez tendu une main fecourable ; qui avez recueilli & fauvé de la fureur des ennemis ce Sénat refpectable, plein de zèle pour le bonheur de fon pays , & attaché à la Mere-Patrie par des liens indiffolubles. O vous tous, chers Compatriotes qui avez épargné à des Français le crime d'égorger des Français ; qui avez préfervé un peuple magnanime de la tâche ineffaçable d'avoir enfanglanté le nouveau monde, recevez, par notre foible organe, les témoignages authentiques de la reconnoif-fance de la Commune de Breft. Croyez que votre courage & votre patriotifme vivront éternellement au fond de nos cœurs ; croyez que nous nous ferons gloire de les publier en tous lieux , & d'en tranf-mettre le fouvenir à la poftérité la plus reculée.

Fait à Breft , le 16 Septembre 1790. *Signé*, MALMANCHE , *Maire ;* Malaffis, Berthomme, l'Ecuyer , le Roy , Binard & Bechenec, *Officiers-Municipaux ;* Cavellier, *Procureur de la Commune.*

ADRESSE à l'Affemblée Nationale.

MESSIEURS,

Nous avons juré de recevoir vos Décrets avec foumiffion. Nous ai-mons à répéter que nous nous y conformerons toujours, lors même qu'ils pourroient nous être défavorables. Mais quand une circonftance impérieufe, que vous-mêmes n'aurez pu prévoir, quand un évènement majeur, & fortant du cours ordinaire des chofes , nous mettra dans la cruelle alternative de laiffer répandre des flots de fang & ébranler la conftitution , en en fui-vant fervilement quelques articles , ou de prévenir les plus grands malheurs en nous permettant d'interprêter quelques difpofitions des loix conftitution-nelles , & en y dérogeant accidentellement , nous ne balançons pas de vous dire que nous préférerons alors le blâme d'avoir défobéi en fervant la Patrie, au blâme plus grand encore d'avoir fecondé, par une obéiffance déplacée les coupables projets des ennemis de la Nation.

Telle eft, MM., notre fituation actuelle. L'Affemblée génerale de St. Domingue, venue en France fur le Vaiffeau le Léopard, & arrivée à Breft le 14 de ce mois, nous a follicité, avec les plus vives inftances, de faire ufage de tout notre pouvoir, de toute notre autorité, pour empêcher le départ du Vaiffeau *la Ferme*, prêt à mettre à la voile pour l'Amérique; & lorfque nous lui avons oppofé votre décret qui défend expreffément aux Municipalités de mettre aucune entrave aux opérations du Pouvoir exécutif, elle nous a répondu qu'il ne s'agiffoit de rien moins que du falut & de la confervation d'une grande portion des poffeffions françaifes, d'une Colonie importante dont la perte entraîneroit néceffairement la ruine entiere de plufieurs millions de Français, & celle du Commerce national. Elle nous a affuré qu'elle mettroit inceffamment fous vos yeux des preuves authentiques & irrécufables des malverfations & des trahifons de M. de la Luzerne, des atrocités commifes par fes ordres, & de la néceffité de punir exemplairement un auffi perfide Miniftre. Elle nous a enfin protefté que nous ne pouvions pas nous refufer à fa jufte demande, fans rifquer de porter atteinte à cette même conftitution à laquelle, dans cet inftant, nous nous défendions de contrevenir.

Ramenés par des raifons fi folides, par des motifs fi puiffants, nous avons cédé à fes defirs, & nous avons requis le Commandant de la Marine de différer le départ de *la Ferme* jufqu'à la réception des nouveaux ordres que les repréfentants de la Colonie, fe difpofoient à folliciter. Nous ofons croire qu'ayant égard à l'embarras de notre fituation, vous ne défapprouverez pas notre conduite, dont nous avouons l'irrégularité, mais qui vous paroîtra fans doute forcée; nous efpérons même que lorfque vous vous ferez affurés des faits, vous rendrez juftice aux fentiments de Citoyens zélés pour le bien public, & que l'excès du Patriotifme femble abfoudre d'une défobéiffance d'un moment.

M. Hector eft venu ce matin nous annoncer qu'il recevoit de rechef des ordres pour faire partir *la Ferme*, & demander fi les raifons qui nous avoient portés à demander une fufpenfion exiftoient encore : nous lui avons répondu que l'Affemblée Nationale n'ayant pu prendre connoiffance de l'affaire de St. Domingue, nous nous croyions engagés à perfifter dans notre réquifition, d'autant plus que les nouvelles qui fe répandoient journellement contre le Miniftre de la Mariné, ajoutoient à la défiance univerfelle de tous les bons Citoyens.

Et fur ce qu'il nous a dit que le Vaiffeau *la Ferme* étoit deftiné pour la Martinique, nous lui avons obfervé que fi les complots odieux qu'on attribue à M. de la Luzerne étoient prouvés, il n'étoit point d'ordres, point d'inftructions qui de fa part ne duffent être fufpects, & qu'en conféquence cette miffion apparente n'étoit propre à raffurer perfonne.

Nous fommes finalement convenus avec M. le Commandant, de vous rendre un compte exact de notre conduite & de nos motifs, tandis que de fon côté il inftruiroit le Miniftre du réfultat de notre entretien.

Nous fommes avec refpect,

M E S S I E U R S,

Vos très-humbles & très-obéiffants ferviteurs,

Signé, MALMANCHE, *Maire* ; Malaffis, Berthommé, l'Ecuyer, le Roy, Binard & Bechenec, *Officiers-Municipaux* ; Cavellier, *Procureur de la Commune.*

A BREST, de l'Imprimerie de R. MALASSIS. 1790.

www.ingramcontent.com/pod-product-compliance
Lightning Source LLC
La Vergne TN
LVHW010333030726
842520LV00004B/1444